고대,
한반도로
온 사람들

韓半島

고대, 한반도로 온 사람들

이희근 지음

다양한 종족이 세력을 겨뤄온 고대 한반도 이야기

따비

차례

한반도의 주민은
단일 민족인 적이 없었다

오늘날 한국인은 우리 민족이 고조선 때부터 단일 민족을 형성하고 있었다는 통념을 자연스럽게 받아들이고 있다. 이런 상식은 현재 전해오는 문헌 자료와는 크게 배치된다. '한민족은 단일 민족이다.'라는 인식을 부정하는 문헌 자료는 쉽게 찾아볼 수 있다. 조선 초기에도 왜인倭人 등 조선 거주 외국인 대표들은 국왕이 주최하는 연회에 초청받고는 했다. 예컨대, "임금이, 왕세자와 백관百官을 거느리고 동지 망궐례望闕禮*를 의식儀式대로 마치고, 근정전에 나가 조하朝賀**를 받았다. 회회回回(무슬림)와 왜인, 야인野人 등도 하례賀禮에 참여

---

* 정월 초하루와 동지에 임금이 문무 백관을 거느리고 궐패闕牌(한자로 '闕' 자를 새긴, 나무로 만든 패)에 절하는 의식.
** 정월 초하루, 동지, 즉위일, 탄생일 등의 경축일에 신하들이 조정에 나가 임금에게 하례하는 의식.

했다."(《세종실록》, 세종 8년 11월 15일)라는 기록을 보면, 국왕이 주관하던 경축일 행사에 자국 벼슬아치는 물론이고 아랍계 무슬림을 비롯하여 왜인, 여진족 등 외국인 대표도 초대받았다. 조선 거주 외국인이 임금이 주재한 행사에 초대받아 참석했다는 사실은, 이들이 왕조 차원에서 무시하지 못할 만큼 일정 규모의 자치 공동체를 형성하고 있었다는 증거와 다름없다.

게다가 조선 거주 외국인은 자신의 고유한 생활 방식을 유지한 채 살아가고 있었다. 이런 사정은 《세종실록》 세종 9년 4월 4일의 다음 글에서 확인할 수 있다.

예조에서 보고하기를, "회회교도는 의관衣冠이 우리와 달라, 사람들이 모두 우리 백성이 아니라고 해서 혼인하기를 꺼립니다. 이미 우리나라에 귀화한 사람들이니, 마땅히 우리나라 의복을 좇아 별다르게 하지 않는다면 자연히 혼인하게 될 것입니다. 또 대조회大朝會* 때 회회도 回回徒의 기도하는 의식도 폐지함이 마땅합니다."라고 하였다.

인용문대로, 회회(교)도라고도 불린 아랍계 무슬림이 조선에 귀화하여 정착해 살고 있었는데, 고유한 의복을 착용하는 등 그들 풍속대로 생활했다. 심지어 대조회 같은 국왕의 주최 행사 때에도 무슬

---

* 매월 초하루·보름에 문무 백관이 임금에게 문안을 드리고 정사를 아뢰기 위하여 아침에 모이는 의식.

고대, 한반도로 온 사람들

림들은 자신의 종교인 이슬람교 의식대로 하례했다는 내용이다.

외국인 가운데 공직에 진출한 인물도 꽤 있었다. 이런 정황은 《태종실록》 태종 16년(1416) 5월 12일의 다음 기록에서 엿볼 수 있다.

> 호조戶曹에서 또 보고하기를, "내년을 염려하지 않을 수 없습니다. 청컨대 올적합兀狄哈(여진의 한 부족), 올량합兀良哈(여진의 한 부족), 왜인, 회회 등의 사람으로서, 토지를 받고 거실居室을 소유한 자의 월급을 없애서 비용을 줄이십시오."라고 했다. 임금이 그대로 따랐다.

위 인용문을 보면, 조선 거주 외국인 가운데 거실 및 전답田畓뿐만 아니라 월급까지 지급받은 인사, 즉 관리가 상당히 많았던 정황을 알 수 있다. 조정의 예산을 관장하는 호조에서 이들의 보수 때문에 재정난을 걱정할 정도였으니, 그만큼 여진족, 왜인, 회교도 등의 사회가 당시 일정한 영향력을 발휘할 정도의 규모를 유지하고 있었다고 보아야 한다.

조정의 주요 행사 때 초청 대상이었던 이들과는 생활 방식이 꽤 다른 이방인도 있었다. 바로 백정白丁이다. 그들은 《조선왕조실록》 등 왕조의 공식 문헌 자료에 '이류異類' '이종異種' '별종別種' '호종胡種' 등으로 표기되어 있다. 이들 용례가 알려주고 있는 대로 백정은 조선의 여타 구성원과는 별개의 족속族屬으로 간주되었다. 이런 사정은 "백정은 그 선조가 호종이다. 그래서 말을 잘 타거나 활을 잘 쏠

뿐만 아니라 천성이 모두 사납고 용맹스러워 걸어 다니면서 짐승을 잡는 데 익숙하여 사냥을 예사로 여긴다."라는《성종실록》성종 22년 4월 23일의 기록에서 확인할 수 있다.

이들 백정은 조선 초기만 해도 유랑 생활을 했기 때문에 호적에 편입되지 않은 자가 많았다. 그들은 호적에 등록된 백성과는 다른 족속으로 간주되었다. 직업이 농업이든 상공업이든 정착해서 생활한 조선 왕조의 다른 구성원과는 달리, 백정은 북방 유목민의 후예답게 한곳에 정주하지 않고 이곳저곳 떠돌아다니면서 살아갔다.

조선 건국 때부터 이방인으로 간주되어온 이들의 명칭이 백정으로 개칭된 때는 세종 5년, 즉 1423년 10월 8일의 일이다. 이런 사실은 당일의《세종실록》기록에서 찾아볼 수 있다.

병조에서 보고하기를, "재인才人과 화척禾尺은 본래 양인良人으로서 직업이 천하고 호칭이 특수하여 백성들이 모두 다른 종족[別種]으로 보고 그와 혼인하기를 부끄러워하니, 진실로 불쌍하고 민망합니다. 비옵건대, 칭호를 백정이라고 고치십시오."라고 했다. 임금이 그대로 따랐다.

북방 유목민의 후예인 재인과 화척이 따돌림 당하지 않고 백성과 함께 어울릴 수 있도록 이들의 칭호를 백정으로 고쳐 부르자는 병조의 건의를 세종이 받아들였다는 내용이다.

고려 시대만 해도 백정은 백성 중 한 부류를 뜻했다. 고려 시대에는 16~60세의 성인 남자는 의무적으로 군역軍役 등을 부담해야 했다. 이들을 정호丁戸라고 불렀으며, 그러지 않는 나머지 백성을 백정이라고 했다. 물론 이들 백정은 군역 등을 온전히 면제받는 혜택을 누린 부류가 아니라, 군대나 관청 등에 결원이 생기면 보충되는 자들이었다.

북방 유목인의 후예로서, 1423년 이후 백정으로 통칭되던 이 무리가 조선 왕조의 전체 인구에서 차지하고 있는 비율은 꽤 높았다.

> 재인才人이 한 고을에 사는 수는 평민에 비교하여 3분의 1, 혹은 4분의 1이나 되는데도 홀로 신역身役이 없고 마음대로 한가하게 놀고 있습니다. 청컨대 지금부터 그 재산이 실實한 자는 각 도의 절도사로 하여금 전례에 따라 찾아 모아서 보保를 만들어 군액軍額을 채우도록 하십시오.

《성종실록》 성종 4년 12월 18일의 위와 같은 기록에서 당시 상황을 확인할 수 있다. 이 정보는 군역 등 신역身役을 총괄하던 병조의 보고 중에 나온 내용으로, 백정의 인구는 평민의 4분의 1에서 3분의 1에 해당할 정도로 아주 많았다.

백정의 인구 규모는 구체적 사례를 통해 확인할 수 있다. 예컨대 "남원 도호부南原都護府의 가구는 1,300호戸이고 인구가 4,912명이다."라는 《세종실록》〈지리지〉의 기록을 보면, 세종 재위 당시 남원부의 총인구는 5,000명 정도였다. "남원 도호부 안의 재인과 백정이 본래 2,000명이었다."라는 《중종실록》 중종 7년 11월 4일의 기록으로 추정하면, 남원의 당시 주민 5,000여 명 가운데 (시기의 차이가 있지만) 백정이 무려 2,000여 명이나 되었다. 물론 남원의 총인구에서 차지하고 있는 백정의 규모는 비상식적일 정도로 많다고 할 수 있다. 그 까닭은 지리산 기슭에 위치한 남원의 지리적 환경 때문으로 판단된다. 다시 말해, 백정의 주요 생계 수단의 하나가 사냥이었는데, 남원은 사냥감이 많은 지리산 일대에 있었던 고을이었으므로 그들의 인구 구성 비율이 높을 수밖에 없었다.

백정을 비롯하여 조선 왕조 내의 외국인이 한반도에 정착한 시기는 대부분 고려 시대까지 소급된다. 일부는 동화되었지만 대부분은 조선 시대에도 자신들의 고유한 생활 방식을 유지한 채 살아가고 있었다.[1] 대륙 세력과 해양 세력이 교차하는 지정학적 위치에 자리한 한반도에는 그 이전부터 다양한 인종*이 끊임없이 유입될 수밖에 없었는데, 그 역사는 고대까지 거슬러 올라간다.

그 첫 번째 유입은 신화를 통해 알 수 있다. 단군 신화에 따르면, 단군 무리가 평양 일대로 이주해 오기 전 그 지역에는 곰과 호랑이를 신神으로 모시는 족속이 살고 있었다. 이 족속은 나중에 말갈족靺鞨族으로 불리게 된 예맥족濊貊族으로 보인다. 한편, 그즈음 예맥족 거

---

* 이 책에서 인종은 공통의 조상, 언어, 사회적·문화적 경험 등을 공유하는 사람들의 범주를 뜻하는 용어로 사용했다. 다만, 인종이라는 단어가 인종주의를 연상시키기 때문에 꼭 필요한 경우에만 사용하고, 대부분의 경우 족속, 주민, ○○족, ○○인 등으로 대체했다.

고대, 한반도로 온 사람들

주지의 남쪽, 즉 한반도 중·남부에는 후세에 한인韓人으로 명명된 족속이 정착해 있었다. 결국, 우리가 흔히 우리 민족의 기원이라 믿는 단군 무리부터 한반도로 유입된 이주민인 셈이다.

문헌 자료로 확인할 수 있는 이방인의 한반도 유입 시기는 고조선 건국 이후, 중국에서는 진 시황秦始皇에 의한 전국 시대 통일 당시다. 진 시황의 폭정 때문에 수만 명의 중국인이 고조선 지역으로 피난해 왔다는 정보가 문헌 자료상 이방인이 한반도로 유입되었다는 최초의 기록이다. 이어, 진秦나라 말기에 중국 전체가 반란에 휩싸이자 진인秦人 수만 명이 고조선 일대로 밀려들어왔는데, 무려 1,700년 뒤인 15세기의 한반도 인구가 500만 명 정도였다는 한국 역사학계의 주장을 감안하면 천문학적인 수치다. 이들 중국계 이주민이 중심이 되어 위만조선을 건국했다.

한 무제漢武帝의 침략 당시, 위만조선의 중국계 이주민은 5만 명에 달하는 한나라 원정군에 맞서 1년 동안 끈질기게 저항했다. 위만조선이 패망하고 한사군이 설치되자 이들 중국계 이주민은 도망자 신세가 되어 낙랑군 밖으로 피난을 떠났는데, 그 최종 정착지는 영남 일대였다. 이들 이주민이 중심이 되어 진한辰韓과 변한弁韓 24개국을 세웠다. 그즈음 종래 한韓으로 불리던 주민은 변진한弁辰韓과 구별하기 위해 마한馬韓이라는 이름을 얻었다. 이로써 삼한三韓이 성립하게 되었다. 한편, 변진한 사람들이 이주해 오기 전 한반도 남부에 왜인도 정착해 있었다고 생각된다. 이들 왜인은 한때 변한, 즉 가야를 압도할 만큼의 세력을 유지하고 있었다.

한편, 그 출신지는 알 수 없으나 부여족이 오늘날의 지린吉林시 일대로 망명해 오자, 이 지역의 옛 주인인 예맥족의 일부가 남하하여 압록강 유역으로 이주해 고구려를 건국했다. 건국 과정에서 주도권을 상실한 일파가 한강 유역으로 와서 백제를 세웠다. 이렇게 해서 예맥족, 고조선인, 한韓인, 중국계 이주민, 왜인 등으로 이루어진 고대 한반도의 인종 조합이 일단락되었다. 본문에서는 이 과정을 좀더 자세하게 살펴보겠다.

01: 고조선 지역의
주민 계통

1990년대 초반, 평양시 낙랑 구역의 한 고분에서 〈낙랑군 초원 4년 현별 호구 다소 ○○ 樂浪郡初元四年縣別戶口多少○○〉(이하 '낙랑군 초원 4년 호구부')라는 목간이 출토되었다. 이 고분은 낙랑 구역 정백동 364호분으로, 여기에서는 목간 외에도 철장검 같은 무기류, 거마구車馬具, 농기구, 장신구, 각종 칠기漆器 등도 나왔다고 알려졌다. 낙랑 고분은 3,000기 이상 발굴 조사되었지만, 호적 문서를 비롯한 공문서가 출토된 경우는 정백동 364호분이 처음이다.[2] 낙랑군은 설치된 직후부터 각 현의 호구 조사를 실시하고 호적 장부를 작성했는데, 그 문서 중 하나가 '낙랑군 초원 4년 호구부'다. 목간에 쓰인 '초원 4년'은 기원전 45년, 즉 낙랑군이 설치된 지 60여 년이 지난 시점이다.

북한 학자 손영종이 2006년 발표한 논문들에서 이 목간의 일부 정보를 인용[3]했는데, 남한의 학자 윤용구가 이 중 목간의 내용만을 정리하여 2007년 국내 학계에 소개했다.[4] 아직 정백동 364호분의 목간 자료 전체가 공개되지 않아 아쉽지만, '낙랑군 초원 4년 호구부'만이라도 소개된 것은 문헌 자료의 절대적인 빈곤에 시달리고 있던 연구자들에게는 낭보가 아닐 수 없다. 그러나 공개된 자료에서 확인할 수 있는 정보는 여전히 미흡하다.

낙랑군 총인구 중 14퍼센트는 중국인

현재 확인할 수 있는 정보는 낙랑군의 조선현을 비롯한 25개 현의 호구 수와 전년도 통계와의 증감 여부 및 증감치, 낙랑군 전체의 호구 수와 증감치, 낙랑군의 총인구 가운데 '한족漢族'과 '원 토착주민'의 수와 비율 정도다.

이들 정보 중 '한족'의 비율이 매우 높다는 대목이 특별히 주목된다. 손영종은 논문에서 목간 작성 당시인 중국 전한前漢의 선제宣帝 초원 4년에 "낙랑군의 총인구 28만여 명 중에서 한족 인구는 4만 명 정도로서 전체 인구의 약 14퍼센트밖에 안 되며 원 토착주민은 약 86퍼센트였다고 인정되는 것이다."라고 밝히고 있다. 즉, '낙랑군 초원 4년 호구부'에 따르면 당시 낙랑군의 인구는 4만 6,000여 호에 28만여 명이었고, 낙랑군 총인구 중 '원 토착주민'이 다수를 차지하였다. 이는 당연한 현상이다. 하지만 총인구 중 한족 비율이 4만 명에 달하는 14퍼센트를 점했다는 수치는 상식적으로 볼 때 아주 높은 편이다. 물론 "이 4만 명도 낙랑군을 설치하고 63년 후 통계이므로 처음 낙랑군 설치 당시 한족 계통 주민 수는 1만 5,000명에서 2만 명이었다고 볼 수 있다."라는 손영종의 주장대로, 이런 비율은 기원전 108년에 낙랑군이 설치된 뒤 지속된 이민移民의 결과다. 그럼에도 총인구 중 한족이 차지하는 비율은 아주 높았다.

이와 같은 통계는 한족의 비율을 아주 낮게 본 종래의 견해와는 크게 다르다. 종래 학계에서는 낙랑군에 한인漢人이 많이 거주하지 않았다고 보았다. 중국의 서북부 등 다른 식민지에는 대규모 사민徙民*을 추진하거나 둔전屯田을 설치해 그것을 경작할 인구를 유치한 기록이 남아 있지만, 유독 낙랑군으로 사민이 이루어졌다는 기록은 없다는 데 근거를 둔 견해였다.

낙랑군은, 한漢의 무제武帝가 위만조선을 멸망시키고 그 지역에 군현을 설치하면서 시작됐다. 앞서 위만조선은 진번眞番, 임둔臨屯을 비롯한 주변 국가들을 복속하여 사방 1,000리의 영역을 확보하는 동시에 주변 나라들이 한과 직접 오갈 수 있는 교통마저 차단해버렸다. 당시 한 제국은 자신의 최대 적인 흉노匈奴와 위만조선 간의 동맹 가능성을 크게 우려했다. 그 이름답게 정복 사업에 몰두했던 무제는 '흉노의 왼팔[左臂]'을 절단하기 위해 조선 원정을 단행했다. 기원전 109년 조선군은 5만 명이 넘는 대군을 맞아 1년 동안이나 버티었지만, 주화파主和派의 투항에 이어 우거왕右渠王의 피살로 왕검성王儉城이 함락되고, 위만조선은 끝내 망하고말았다.

한 무제는 조선을 멸망시킨 기원전 108년에 그 중심지인 평양 일

---

* 새로 점령한 지역을 개척하기 위해, 정권 차원에서 사람들을 집단으로 이주시키는 행위.

대에는 낙랑군을, 옛 진번과 임둔 지역에는 각각 진번군과 임둔군을 설치했다. 현도군玄菟郡의 경우는 고구려를 중심으로 한 일단의 정치 세력이 끈질기게 저항했기 때문에 다른 군현보다 1년 늦은 기원전 107년에 창설되었다고 추측된다.[5] 이 중 진번·임둔 두 군은 20년 만에 폐지되었고, 그 일부 지역은 기원전 82년에 낙랑군, 현도군에 통합되었다. 그 뒤 기원전 75년에 현도군도 요동으로 옮겨갈 수밖에 없었으며, 현도군이 관할하던 임둔 고지故地는 다시 낙랑군에 속하게 되었다. 낙랑군을 제외한 3개의 군이 사실상 폐지된 주요 원인은 토착 정치체의 반발과 저항 때문이었다. 이런 사정은 "고구려의 침입을 받은 현도군은 고구려의 서북쪽으로 옮겨갔다."라는《삼국지三國志》*〈동옥저 열전東沃沮列傳〉의 기록이 알려주고 있다.

이후 임둔군, 진번군 그리고 현도군에 속하던 군현은 낙랑군이 관장하였다. 진번과 임둔의 잔존 군현은 낙랑군이 직할하지 않고 부도위府都尉를 두어 통치하게 했다. 부도위제는 군현제에 비하면 느슨하고 약화된 통치 방식으로, 동화시키기 어려운 이방인을 통치하기 위해 고안된 행정 단위다. 임둔 고지에는 동부도위, 진번 고지에는 남부도위를 설치했다.[6] 이렇게 재편된 낙랑군은 다소의 변동이 있었지만 313년에 고구려에게 병합될 때까지 중원 왕조의 군현으로 존속했다.

---

* 진晉의 진수陳壽(232~297)가 편찬한 삼국시대(220~265) 66년간의 정사. 이 중 '위지魏誌 동이전'에는 부여전, 고구려전, 동옥저전, 읍루挹婁전, 예전, 한전이 수록되어 있다.

고대, 한반도로 온 사람들

낙랑군 전체 인구 중 '한족'이 차지하는 비율 14퍼센트는, 근현대 식민 지배지에서 본국인이 진출한 비율과 비교해도 특이하게 높은 편에 속한다.[7] 일제 강점기 일본인이 한반도 전체 인구에서 차지한 비율이 1925년 당시 2.33퍼센트였고, 1944년에도 약간 늘어난 2.84 퍼센트에 불과했다. 티베트의 경우, 한족이 총인구에서 차지하는 비율이 1990년에 3.68퍼센트에 지나지 않았고 그 뒤 한족의 이주가 많이 이루어졌지만 2001년 조사에서도 5.9퍼센트에 머물렀다.

그렇다면, 낙랑군 총인구의 14퍼센트에 해당하는 약 4만 명에 이르는 '한족'은 어떤 부류였을까? 낙랑군 호구부 목간의 '한족'에는, 그 규모는 알 수 없지만 중국 본토에서 사민된 부류가 포함되었다. 사민 대상이 된 사람의 호적은 새로 거주하게 된 곳으로 이송되어야 한다. 따라서 이송된 뒤 본래 거주하던 곳에서의 호적은 삭제된다. 이들이 이송된 낙랑군의 인구 통계에 포함되었을 것임은 너무나 당연하다. 낙랑군이 설치된 뒤 이곳으로 사민이 이루어졌다면 그들은 분명 '한족' 혹은 '한인'으로 등록되었을 테다.*

반면, 실제로는 낙랑군에 와서 살고 있지만 이곳의 호적에는 포함

---

* 목간에 쓰인 '한漢'이라는 개념은 漢이라는 왕조가 건국되기 전에는 성립될 수 없다. 전국시대 진秦에서는 스스로 진인秦人이라고 불렀지 한인이라 하지 않았으며, 진 왕조의 공식 문서에도 漢人이 아니라 秦人으로 기재했다. 그 시기는 특정할 수는 없지만, 후대에 점차 한인漢人을 한 왕조의 백성이 아니라 중국의 중앙부 혹은 내지內地에 거주하는 자라는 뜻으로 관습적으로 사용하면서 호胡와 한漢의 개념이 중화주의적 인종 구분의 의미를 띠게 되었다고 본다(김병준, 〈낙랑군 초기의 편호 과정과 호한초별 - 낙랑군 초원사년 현별 호구 다소 ○○ 목간을 단서로〉, 《목간과 문자》 창간호, 2008, 142~143쪽).

되지 않은 자도 있었다. 지금까지 학계에서는 낙랑군의 한인을 언급할 때 군현 설치 이후 계속해서 부임해 온 관리, 군사, 상인 등의 존재를 상정하고는 했다. 하지만 이들은 낙락군의 호적에 포함되지 않았다. 관리는 본적지의 호적을 유지한 채 임무를 수행하다가 임기가 끝나면 다른 군현의 자리로 옮겼다. 병사도 마찬가지였다. 상인이 매매가 끝난 뒤 다른 군현으로 이동하는 일도 당연하다. 따라서 호적의 이송이 동반되는 사민이 아니면, 비록 낙랑군에 거주하고 있는 '한인'이라고 해도 '낙랑군 초원 4년 호구부'에는 포함되지 않았다고 볼 수 있다.

곧 살펴보겠지만, 극심한 혼란기인 진秦나라 말에 무려 수만 명에 달하는 중국인이 한반도로 망명해 왔다는 기록도 있다. 일부 연구자의 주장대로 이들이 한인, 즉 호구부의 한족으로 분류되었다면, 낙랑군 호구부 목간의 4만여 명 '한족'의 정체는 간단히 밝혀질 테다. 그러나 앞서 지적한 대로, '한인'은 한 왕조가 성립된 뒤에 생겨난 개념이기 때문에 이들 망명자는 '한인'이라고 정의되지 않는다. 비록 이들이 한인의 문화와 친숙했다 해도, 낙랑군이 설치된 뒤 한인으로 분류되었을 가능성은 없다.

다음은, 한 제국이 건국된 뒤 한의 영토에서 망명해 온 자들의 경우다(한나라가 건국된 기원전 206년에서 위만조선이 패망한 기원전 108년 사이). 이들은 본래 '한인'의 국적을 가졌을 때 도망한 자들이기 때문에, 한족으로 일컬어졌을 가능성도 있다. 그러나 이들은 이미 외국으로 도망간 부류이고, 한나라 시대 법령에 따르면 이들은 적국인과 다름없이 취급되어 최고의 중형을 받아야만 했다. 가령 한대 법령 중에는 타국으로 도망간 자는 적군에 항복한 자처럼 허리를 베어 죽이는 형벌인 요참腰斬에 처한다는 규정이 있다. 이처럼 한 왕조가 성립된 뒤 고조선으로 망명한 자들은 중형의 대상이었기에, 낙랑군이 설치된 뒤 한인으로 분류되었을 가능성이 희박하다. 오히려 이들은 사형을 받을 자신의 처지로 인해, 이전에 망명해 온 위만 세력과 합세해 한무제의 침략 때 저항했을 가능성이 크다.

또 하나의 경우는, 낙랑군이 설치된 뒤에 중국 본토에서 도망한 이들이다. 낙랑군은 한 제국의 영토이므로, 이 경우는 한 제국 안에서의 도망이며 외국으로 망명한 경우와는 구별된다. 따라서 이들은 원 토착주민이 아니라 '한족'이라고 기록해야 마땅하다. 그렇지만 이들은 한의 법을 위반하고 본적지에서 도망했기 때문에, 도망간 곳에서 붙잡혔을 경우 본적지로 되돌려 보내졌다. 이런 귀환 방침은 기원전 67년에 와서 약간의 변동이 생겼다. 이후에도 여전히 귀환 조치를 취했지만 현지에 정착시키는 정책도 장려하기 시작했다. 낙랑군 호구부 목간의 제작 시점은 그로부터 22년이 지난 기원전 45년이므로, 이 당시 낙랑군에서도 굳이 본적지로 송환하지 않고 현지에 정착시키는 정책을 실시했다고 판단된다. 따라서 이들은 낙랑군 호적의 전체 집계에 포함되었다고 추정할 수 있다.

한편, '한족'과 '원 토착주민'의 구분은 결코 고정적인 분류가 아니었다. 한 제국의 만이蠻夷 정책의 특징 중 하나는 한인과 잡거雜居, 즉 섞여 살게 했다는 점이다. '한족'과 '원 토착주민'을 분리하여 거주시키지 않았던 상황에서 양자 간의 통혼通婚은 자연스러운 현상이다. 그들의 문화적 유사성을 고려하면, 낙랑군 설치 이전에 중국에서 망명해 온 유민들과 낙랑군 설치 후 이주해 온 한인의 통혼은 충분히 가능한 일이다. 부모 중 한 쪽만 진인이면 자녀는 진인으로 간주한 진대秦代의 규정이 이어졌다면, '한족'과 '원 토착주민' 간의 통혼 이후 자손은 '한족'으로 분류되었을 수도 있다.

요컨대, '낙랑군 초원 4년 호구부'에 기입된 '한족'은 첫째, 낙랑군이 설치된 뒤 지속적으로 본토에서 사민된 자들이다. 또한, 무제 말기 이후 계속 이어진 흉년 등으로 발생한 대규모의 유민도 '한족'으로 등록되었다고 추정된다. 그 밖에도 통혼과 같은 방식에 따라 '원 토착주민' 중 일부도 '한족'으로 등록되었다고 판단된다. 그렇다고 해도, 낙랑군 총인구 중 14퍼센트라는 한인의 수치는 너무나 높다.

제국의 목재 조달 사령부, 낙랑군

이 수수께끼를 풀 실마리는《삼국지》〈한전韓傳〉에 보이는 진한인辰韓人 염사치廉斯鑡 고사에서 찾을 수 있다. 소국小國의 우두머리[渠帥] 출신인 염사치는 지황 연간地皇年間(서기 20~22)에 낙랑의 땅이 비옥해 사람들의 생활이 풍요롭고 안락하다는 소식을 듣고 낙랑군에 망명한 인물이다. 염사치는 망명길 도중 많은 한인漢人이 마한의 전신인 한韓에서 노예 생활을 하고 있다는 정보를 입수하고 낙랑군 당국에 알려 이미 사망한 500명을 제외한 1,000여 명을 낙랑군으로 송환하는 데 크게 이바지했다. 여기서 주목해야 할 대목은, 이들이 한강 유역으로 추정되는 한韓의 영역(이에 관해서는 2장에서 자세히 살펴보겠다.)에서 벌목 작업을 하다가 한韓의 습격을 받아 포로가 되었으며, 그 수가 무려 1,500명이나 된다는 내용이다. 이 사건은 염사치가 망명하기 3년 전에 일어났다.

1,000명 이상이나 되는 벌목공을 동원해 벌목한 목재는 낙랑군이 아니라 중국 본토에서 사용되었다고 보아야 한다. 상식적으로 28만 명 규모인 낙랑군의 자체 수요는 이처럼 대규모의 인원을 동원할 필요가 없었기 때문이다. 28만이라는 인구는 당국이 조사 등록한 숫자이고 실제 인구는 그보다 많았다고 해도 말이다. 이런 대규모 벌목 사업은 한강 유역만이 아니라 낙랑군의 지배력이 미치는 한반도 곳곳에서 행해졌다고 가정할 수 있다. 이런 규모의 작업으로 확보한 물량의 수송은, 오늘날처럼 고속도로나 철도가 없었던 상황에서는 수로水路, 즉 강운江運 및 해운海運밖에 없었을 터이고, 한강 이외에도 압록강, 대동강 등의 유역에서도 중앙 정부나 권력자의 후원과 지원 아래 벌목 작업이 이루어졌을 가능성이 있다. 이들 지역에서 벌목한 목재는, 특히 강운을 이용할 때에는 뗏목을 만들어 운반했다고 보인다. 한 제국의 중심지인 북중국이 나무가 귀한 지역임을 고려하면

일제 강점기 당시 압록강, 한강 등에서 뗏목으로 운송하는 모습이다.

한반도산 목재는 전략적 가치를 지닌 상품이었으리라 가늠할 수 있다.

산업혁명 이전, 산업의 '쌀'은 철이 아닌 목재였다. 그 시대의 목재는 나무가 많은 지역이든 적은 지역이든 관계없이 중요한 건축 재료였다. 나무가 너무 적어 목재가 사치품에 속하는 북중국에서도, 건축 재료가 벽돌이든 흙이든 거의 언제나 목재 골조 위에 건물을 세웠다. 중국의 건축은 오늘날까지도 토목 사업土木事業이라고 불리고 있지 않은가. 당시 수레, 선박 등 운송 수단의 제작이나 교량 건설은 목재를 빼놓고는 생각할 수도 없었다. 더구나 가구, 농기구 등 각종 물

고대, 한반도로 온 사람들

품의 제작은 목재 없이는 불가능하다. 수도 장안長安이 나무가 드문 북중국에 위치한 한 제국으로서는 목재 조달에 사활을 걸 수밖에 없었다.

《한서漢書》* 무제 원봉元封 8년의 기록에 따르면, 낙랑군의 가장 변경인 임둔 지역은 장안으로부터 무려 7,640리나 떨어져 있을 정도로 낙랑군은 변방 중 변방에 위치했지만 한 제국 내에서 차지하는 위상은 본토의 군현보다 막중했다. 따라서 한 제국으로서는 이런 전략적 가치를 지닌 낙랑군의 통치권을 결코 포기할 수 없었다. 저간의 사정은 왕조王調의 반란에 대처하는 한 제국의 태도에서 단적으로 확인할 수 있다.

서기 25년 반란을 일으킨 왕조는 태수 유헌劉憲을 살해하고 스스로 대장군·낙랑태수라고 부르면서 낙랑군을 통치했다. 이때부터 후한後漢의 광무제光武帝가 낙랑군을 부활시킨 서기 30년까지 "낙랑인 왕조가 낙랑군에 의거하여 후한에 복종하지 않았다."《후한서》, 광무제기光武帝記 건무 6년)라는 기록을 보면, 왕조의 낙랑군은 한 제국의 질서에서 벗어나 독자적인 정치 세력을 형성하고 있었다.

본토에서는 원제元帝의 황후皇后 일족인 왕망王莽이 서기 8년에 황위를 빼앗아 신新 왕조를 세우고 스스로 황제가 되었다. 신 왕조는 불과 15년 만인 서기 23년에 멸망했는데, 신 왕조 말기에 전국 각지

---

* 후한 명제明帝 때 반고班固(32~92)가 유방이 한나라를 세운 때부터 왕망의 신 왕조 멸망 때까지 230년간(기원전 206~서기 24)의 사실을 기록한 전한前漢의 정사.

에서 일어난 반란 때문이었다. 서기 25년 왕조의 반란 역시 왕조 교체기의 혼란을 틈타 만연했던 중원풍 반란의 한 사례인데, 중국 왕조에서 벗어나 독립 국가를 건국하려는 운동은 아니었다.

《후한서後漢書》[*]는 반란을 주도한 왕조에 관해 '토인土人'이라는 정보 말고는 전하고 있지 않다. '토인'은 낙랑군이 설치된 뒤 새로 이주해 온 한인을 제외한 중국계 및 고조선계 주민을 가리키는 말이니, 토인이라는 말만 가지고는 왕조의 출신을 알 수 없다. 왕조가 반란을 일으킨 때가 낙랑군이 설치된 뒤 1세기 이상 경과한 시점인 만큼, 그가 중국화한 고조선 계통의 주민일 가능성을 배제할 수 없지만, 성씨로 판단한다면 중원 출신일 가능성이 농후하다.

《후한서》'순리열전循吏列傳'[**]에 왕경王景이라는 인물에 대한 기록이 있다. 왕경의 아버지는 왕굉王閎인데, 그는 낙랑의 왕조 정권에서 군삼로郡三老라는 고위직에 있던 인물이다. 그의 선조는 현재의 칭다오淸島인 불기현不其縣 출신으로, 기원전 177년에 제북왕濟北王 유흥거劉興居가 반란을 일으키자 자신에게도 화가 미칠까 두려워 낙랑 지역으로 망명했다. 즉, 왕굉의 집안은 왕조가 봉기한 때까지 무려 200년이 넘도록 낙랑군에 정착해온 만큼, 토착화한 중국계 주민 중에서 중요한 지위를 차지하고 있었다.

---

[*] 중국 남송南宋의 범엽范曄이 편찬한 사서. 광무제光武帝에서 헌제獻帝에 이르는 후한後漢의 역사를 기록했다.
[**] 순리循吏란 법을 잘 지켜 열심히 근무한 관리를 말한다. 왕경의 아버지 왕굉이 왕조 정권을 전복시키는 데 공을 세웠기 때문에 왕경이 열전에 올랐다.

고대, 한반도로 온 사람들

왕조 역시 왕굉처럼 고조선계가 아닌 중국계의 후손일 수 있다. 낙랑군을 장악한 뒤 그가 '대장군 낙랑태수'라고 자칭한 데서 그 가능성을 엿볼 수 있다. 왕조가 한 제국이 임명한 태수를 살해하고 새로운 정권을 구축했던 만큼 정권의 실체는 더 이상 기존 낙랑군 정부의 연장은 아니었다. 그런데도 반란 정권을 수립한 왕조가 스스로를 '군태수'로 불렀다는 사실은 이방인의 반란으로는 자연스럽지 못하다. 만약 이방인 출신의 봉기가 인종 차원에서 분리 독립을 추구했다면 오히려 '왕'이나 '대왕'이라는 호칭을 쓰는 것이 자연스럽다. 왕조와 비슷한 시기에 '공의왕邛毅王'을 자처한 서남이西南夷* 장귀長貴의 자립처럼 말이다. 신 왕조를 세운 왕망은 주목州牧, 태수, 현령 등의 지방관에게 '장군將軍' 호칭을 직급에 따라 차등 부여했다. 반란이 전국으로 번져나간 시기는 왕망의 말년인 서기 23년으로, 각지의 반란은 주목이나 군수 등의 지방관을 처단하고 그 자리를 대신해 '장군'을 자칭하는 형태로 전개되었다. 그 규모에 따라 반란 지도자가 칭제稱帝하거나 칭왕稱王한 사례도 있었지만, 군 단위에서는 보통 '장군'과 '태수'를 함께 칭하는 형태를 취했다. 다시 말해, 왕조의 정권은 '반중국'이나 '탈중국'을 목표로 삼은 독립 왕국이 아니라 반半독립적인 지방 정권이라고 정의할 수 있다.[8]

당시 중국에서는 유씨劉氏 황실의 후예인 유현劉玄이 왕망의 뒤를

---

* 중국 고대 서남 지역의 소수 종족에 대한 총칭으로, 오늘날의 윈난성, 구이저우성 등지에 거주했다.

이어 경시更始의 연호로 황위에 올랐지만 그 역시 3년 만인 서기 25년에 죽음을 당했다. 이듬해 정월, 황실의 후예인 유수劉秀가 낙양에 입성해 한 황실의 재건을 천명했다. 그가 바로 광무제인데, 그때부터를 후한이라고 부른다. 왕망 재위 말기에 시작된 각지의 반란은 광무제가 즉위한 뒤에도 지속되었다. 당시 광무제는 장안을 근거지로 삼은 지방 정권의 수장에 불과할 정도였다.

한반도와 지리적으로 인접한 산동 및 요동 지역 또한 광무제의 통제권에서 벗어나 있었다. 특히 산동 지역은 반란군의 소굴이었다. 이들의 기세는 하남성河南省 동쪽에 자리 잡은 반란 세력을 고무했을 뿐만 아니라, 광무제가 파견한 토벌군 사령관마저 반란군에 투항하게 할 정도였다. 그것도 두 차례나 토벌군 사령관이 이반했다. 하는 수 없이 광무제가 29년 6월에 직접 정벌에 나서 이듬해 2월이 돼서야 산동 일대를 평정할 수 있었다. 요동 지방은 아예 동이東夷의 세상이 되었다. 중국에서 요동으로 나아가는 교통로의 요충지인 어양군漁陽郡에서 그 태수 팽총彭寵이 반란을 일으켜 그 주변 지역을 장악한 뒤 서기 27년에 '연왕燕王'을 자처했는데, 서기 29년 3월이 돼서야 후한은 팽총의 반란을 진압할 수 있다. 이때까지 요동 지방은 사실상 방치되었다. 또, 요동에는 강력한 호족 세력도 존재하지 않았다.[9]

광무제는 팽총의 반란을 진압한 이듬해인 서기 30년에 왕조의 반란을 진압하기 위한 낙랑군 원정을 명령했다. 광무제는 왕준王遵을 새 낙랑태수로 임명하고 그의 지휘 아래 군대를 파견했다. 새 태수를 파견한 광무제의 조치는 낙랑 사회를 크게 요동치게 했는데, 새 태수가 요동에 이른 시점에 맞춰 낙랑군 관리의 일부가 왕조를 살해하고 새로운 태수를 맞이했다. 이로써 왕조 정권은 수명을 다했고, 반란의 평정에 협력한 군리郡吏들은 모두 열후列候에 봉해졌다. 이때 왕굉도 열후에 봉해졌고, 아들 왕경이 그 작위를 이어받았다.

이와 같은 전개는 광무제가 변방의 군현에 속하는 낙랑군의 반란에 얼마나 신속하고도 적극적으로 대처했는지 보여준다. 광무제가 낙랑군에 군대를 파견할 무렵 후한은 산동 일대의 여러 반란 세력을 평정하는 등 왕조王朝의 안정적 기반을 마련하기는 했지만, 변군에 불과했던 낙랑군에 군대를 파견할 만한 상황은 아니었다. 서기 30년 이후에도 서북부의 변군들은 여전히 자립하고 있었으며, 서남 지역의 공손술公孫述은 촉蜀을 근거지로 삼아 천자를 자칭하고 있었다. 또, 노방盧芳이 흉노의 지원 아래 북방 지역을 위협하고 있었다. 왕조의 반란이 진압된 지 15년이 지난 뒤인 서기 45년에 서역의 여러 나라가 광무제에게 군대 파견을 요청했지만, 당시 광무제는 "중국이 비로소 안정되었기 때문에 아직 변군의 일에 경황이 없다."라는 이유로 거절했다.[10] 이런 사례와 비교하면 낙랑에 대한 원정 단행은 매우 이례적이었다. 서역 제국諸國의 요청을 거부한 서기 45년에 비하면, 서기 30년의 상황은 더욱 불안정했는데도 광무제가 낙랑에 군대를 파견했기 때문이다.

광무제가 낙랑군의 반란을 신속하게 진압하고 낙랑군을 복구하려

했던 이유는 무엇이었을까? 당시 한반도가 오늘날의 석유나 천연가스처럼 전략 물자에 해당하는 목재의 주요 공급지였기 때문이다. 당시 최대의 기간산업인 목재 사업장이 한반도에도 위치해 있었기에 일자리를 찾는 중국인의 이주 행렬이 이어졌다. 그 결과, 낙랑군의 전체 인구 중 중국인이 차지하는 비율이 비정상일 정도로 높았다. 곧 살펴보겠지만, 변방 중 변방인 낙랑군이 무려 400년 이상 장기간 지속할 수 있었던 요인 역시 목재 산업과 관련이 있었다고 본다. 낙랑군의 존속 기간 동안 왕조가 무려 다섯 차례나 교체되었을 정도로 중원의 정세는 불안정했는데도 말이다.

낙랑 사회의 변동

낙랑군을 복구한 광무제는 큰 변동을 야기할 만한 조치를 취했다. 그것은 동부도위와 남부도위의 폐지였다. 광무제는 서기 30년에 전국 도위관都尉官을 모두 없애버렸는데, 이때 낙랑군 소속의 두 도위도 폐지했다.

　잦은 왕조 교체에도 중원 왕조가 낙랑군을 포기할 수 없었던 주된 요인이 목재의 원활한 조달이었다면, 그 목적만 충분히 이룰 수 있으면 수로든 육로든 너무나도 불편한 동부도위를 고수할 필요가 없었다. 다시 말해, 변방 중 변방인 동부도위의 조세 수입은 자체 관리 비용으로 쓰일 뿐이므로, 후한 왕조의 입장에서는 중앙 정부의 재정

수입에 전혀 기여하지 못하는 동부도위를 굳이 유지할 필요가 없었다. 중국 본토에 설치된 군현의 조세 수입조차 군현 자체에서 사용했던 실정이었으므로, 이런 추정이 뒷받침된다.

이런 과정을 거쳐, 낙랑군은 직할 18현으로 축소되는 등 큰 변화를 겪었다. 낙랑군은 설치 당시부터 중원의 군현에 비해 세제상의 특혜를 누렸다. 점령지에 대해 한 제국은 초기의 즉각적인 저항을 피하기 위해 세금을 감면해주는 등 우대 정책을 취했다.[11] 임둔 및 진번의 고지가 낙랑군에 편입될 때 군 직할로 하지 않고 부도위를 따로 설치한 이유도 그런 차원이었는데, 전한 때 부도위를 설치한 것은 주민의 세금 부담을 줄여주기 위한 조치였다. 따라서 광무제가 낙랑군을 직할 체제로 개편하자 낙랑군 사회는 큰 변동을 겪지 않을 수 없었다. 일단 개편 당시 낙랑군은 종래의 25현에서 직할 18현으로 줄어들었다. 또한, 여기서 그치지 않고 동부도위가 관할하던 '영동 7현嶺東七縣'은 낙랑군의 영역 밖으로 밀려났다.[12] 그 까닭은 오늘날의 함경도에 위치해 있던 '영동 7현'이 관리 비용을 감당하기가 부담스러울 정도로 멀었기 때문으로 짐작된다. "건무 6년에 동부도위의 관직을 폐지하고 영동의 땅을 포기하여 그 지역의 군장[거수渠帥]을 봉해 현후縣侯로 삼았다."라는《후한서》〈예전濊傳〉 기록을 통해, 임둔 고지에서는 (예맥족 수장인) 거수의 주도하에 자치가 이루어졌음을 알 수 있다.

후한 왕조에서 황제 중심의 지배 체제가 안정된 시기는 광무제,

명제明帝, 장제章帝의 3대(서기 35~88)에 불과했다. 특히 2세기 무렵부터는 외척과 환관의 전횡이 이어지면서 후한은 서서히 붕괴되기 시작해, 주변의 변방에 일정하고 지속적인 통치력을 행사하기가 힘들었다. 이어 바야흐로 위魏·촉蜀·오吳가 서로 경합하는 시대로 접어들었다. 이때 요동 지역에서는 공손씨公孫氏의 독립 세력이 등장한다. 공손탁公孫度은 요동군 내의 호족을 숙청해 요동군의 지배권을 장악했다. 그는 위의 조조曹操가 임명한 낙랑태수를 억류하여 부임하지 못하게 하는 등 낙랑군에도 영향력을 행사하려고 손을 썼다. 204년 공손탁이 죽자 아들 공손강公孫康이 뒤를 이었다. 그는 주변의 여러 종족에게 유화 정책을 구사했지만, 유독 고구려에 대해서만 공세적 입장을 취했다. 이런 양자의 대립은 나중에 위가 공손씨 정권을 정벌할 때 고구려가 위군에 적극 협력하게 하였다.[13]

3세기 초, 공손강은 낙랑군 둔유현屯有縣 이남 일대에 낙랑군과는 별도로 대방군帶方郡을 설치하고, 이어 한韓과 예[맥]를 공격해 복속시켰다. 이런 사정은 다음의 기록이 알려주고 있다.

[후한의] 환제桓帝, 영제靈帝 말기에는 한韓과 예濊가 강성해져 한漢의 군현이 제대로 통제하지 못하자, 많은 백성이 한국韓國으로 유입되었다. 건안 연간建安年間(196~219)에 공손강이 둔유현 이남의 황지荒地를 분할하여 대방군으로 만들고, 공손모公孫模, 장창張敞 등을 파견하여 한漢의 유민을 모아 군사를 일으켜서 한韓과 예를 정벌했다. 옛 백성들이 차

고대, 한반도로 온 사람들

츰 돌아오고, 이 뒤로 왜倭와 한韓은 드디어 대방군에 복속되었다.

이 인용문은 《삼국지》〈한전〉의 기록으로, 후한 말기에 낙랑군의 영향력이 취약해진 틈을 타 공손강이 대방군을 따로 설치하고 낙랑군 지역에 대한 통제력을 강화하는 과정을 밝히고 있다. 이 기록에서 대방군 설치 지역을 '황지', 즉 황무지로 표현한 것은 이들 지역에 대한 군현의 지배가 제대로 관철되지 못했던 당시 상황을 반영한다. 그것은 한과 예맥의 성장 때문이었다.

공손씨 등장 이전부터 낙랑군은 중원 혼란의 여파로 통제 기능이 제대로 작동되지 않았다. 낙랑군의 중심부인 평양에서 멀리 떨어진 황해도 일대부터* 군현 지배에서 벗어나기 시작하였다. 영제 말기에 와서는 통제할 수 없을 정도로 한韓과 예가 강성해졌으며 낙랑군 주민 다수가 한韓으로 흘러들어갔다. 이런 상황에서 공손강이 둔유현 이남 지역에 대방군을 설치함으로써 예전의 낙랑군 남부인 황해도 지역은 물론이고 한韓에 대해서도 낙랑군이 행사하던 통제력을 회복할 수 있었다.

그렇다면 공손강이 이미 평양 일대에 존재하고 있던 낙랑군을 재건하지 않고 별도로 대방군을 설치한 이유는 무엇일까? 그 까닭에 대해, 낙랑군으로 하여금 영동의 예濊에 대한 정책을 주력하게 하고,

---

* 당시에는 교통수단이 형편없어 군현과 군현 사이의 거리감이 오늘날의 도와 도 사이보다 훨씬 멀었다. 삼한 시절 소국小國이 많았던 이유가 그 때문이었다.

대방군은 한과 왜를 관리하게 했다는 견해가 있다.[14] 한과 예가 군사적 위협이 될 수준으로 강성해지자 새로이 성장하는 한에 대한 통제를 강화하기 위해 대방군을 설치했다는 주장도 있다.[15]

이런 견해는, 낙랑군을 개편하든 확대하든 강화하면 되지 굳이 낙랑군의 관할 지역을 분할하면서까지 대방군을 따로 설치할 필요가 있었겠는가라는 질문에 직면할 수밖에 없다. 이에, 공손씨 정권이 중원 정부와 연결된 세력이 잔존해 있던 낙랑군과는 별도로 대방군을 설치함으로써 자신의 세력을 과시할 필요가 있었기 때문이라는 견해가 제출되기도 했다. 이 주장 역시 대방군 설치가, 성장하는 한의 정치 세력에 대한 대응 혹은 압박을 위한 조치임은 인정하고 있다.[16] 낙랑군의 남부 지역이 황무지가 될 정도로 백제를 위시한 한의 세력이 크게 성장했기 때문에, 대방군 설치가 공손씨 정권이 이들 세력을 견제하기 위한 조치였음은 분명해 보인다.

대방군이 한의 세력을 통제 혹은 견제하기 위해 설치되었다면, 이 지역으로 대규모 사민이 단행되었으리라 생각된다. 사민 등 이주민 유입의 결과, 서진西晉 시대(265~316)에 들어서면 대방군의 군세郡勢가 낙랑군보다 우위에 있게 된다. 《진서》〈지리지〉에 따르면 대방군 4,000호, 낙랑군 3,700호로, 인구상 대방군이 미세하지만 낙랑군보다 우위를 점하고 있었다. 대방군 설치 이전에는 이 지역이 낙랑군의 관할이기는 하나 태수가 아닌 도위가 관할했던 사정을 감안한다면, 이런 역전 현상은 꽤 유의미한 변화라고 할 수 있다. 아울러 '낙

고대, 한반도로 온 사람들

1936년 평양시 대동강면 도제리에서 발견된 전축분. 분구의 크기는 남북 약 30미터, 동서 약 32미터, 높이 4~6미터로, 낙랑 고분 중 큰 편에 속한다. 출처: 국립중앙박물관, 《낙랑》, 솔출판사, 2001, 165쪽

고조선 지역의 주민 계통

랑군 초원 4년 호구부'에 따르면, 기원전 45년에 4만 호 이상이었던 낙랑군의 규모는 진대晉代에 와서는 10분의 1도 안 될 정도로 쇠락해, 소멸은 시간문제였다.

낙랑군이 설치된 후 63년 동안 4만 명의 본토 중국인이 이주해 왔듯이, 대방군이 설치된 뒤 황해도 지역에도 공손씨 휘하의 요동 사람들이 새로 이주해 왔을 것이다. 낙랑군으로 유입된 중국인의 존재를 밝혀주는 문헌 자료가 없는 것처럼, 이들 대방군 이주민에 관한 직접적인 기록은 존재하지 않는다. 대신 고고학 자료가 있다. 그것은 반지하의 무덤구덩이를 파고 거기에 벽돌을 이용하여 방[室]처럼 묘실墓室(무덤 칸)을 만든 전실묘 塼室墓(벽돌 무덤)다. 전한 중기 이후에 등장한 전실묘는 중원 전역으로 보급되어 지배층의 주된 무덤 양식이 되었다. 이런 전실묘가 중원 왕조의 대방·낙랑군이 설치되어 있던 서북한 지역까지 전파되었다.

현재 전실묘는 황해도의 은율군, 안악군, 신천군, 재령군, 신원군, 봉산군, 연탄군 등지에 걸쳐 분포하고 있다. 이들 분포 지역은 《진서》〈지리지〉에 기록된 대방군 소속의 8개 현과 연결될 가능성이 크다. 《진서》〈지리지〉에는 대방군 산하의 대방, 함자含資, 해명海冥, 열구列口, 장잠長岑, 제해提奚, 혼미渾彌, 남신南新 8개 현이 기록되어 있다. 특히 전실묘가 해안과 연결된 저지대나 재령강 등 강 주변 지역에 축조된 점에 주목할 필요가 있다. 대방군 설치와 운영이 중원의 정세와 밀접한 연계를 맺고 있음을 감안하면, 요동을 포함한 중원

고대, 한반도로 온 사람들

지역과의 수로 교통망을 고려한 입지 선정이라고 볼 수 있다.

전실묘가 중국계 주민의 유입 증거가 되는 이유는, 전실묘를 조성하는 데 고도의 기술이 필요하기 때문이다. 대방·낙랑군 지역에 분포하는 전실묘의 축조에 사용된 벽돌은 장변 30센티미터 내외, 단변 15센티미터, 두께 5센티미터 내외다. 이러한 계량적 수치는 횡적橫積 3단과 수적竪積 1단을 교대로 쌓은 3횡 1수식의 조적造積 방식을 치밀하게 계산하여 나온 결과다. 횡적과 수적을 교대로 하여 무덤 벽을 쌓을 때, 벽돌의 장변이 단변의 2배가 되어야 횡적을 2겹으로 쌓으면 묘벽墓壁의 두께가 같아진다. 단변은 두께의 3배인데, 이럴 경우 3단으로 쌓은 횡적 단과 1단으로 쌓은 수적 단의 높이가 같아진다. 또한, 장변이 두께의 6배가 되는 상태에서 3횡 1수식으로 쌓으면 횡적 1단과 수적 1단에 각각 동일한 수량의 벽돌이 쓰이게 된다. 벽돌의 이런 규격에서 전실묘 조성에 고도의 기술이 요구된다는 일면을 찾아볼 수 있다. 아울러 전실묘의 묘실에 궁륭상穹窿狀(활처럼 가운데가 높고 길게 굽은 형상)으로 벽돌을 쌓아 올려 천장을 만드는 데에도 고난도의 건축 기술이 요구된다. 이런 기술은 견학만으로는 도저히 습득할 수 없고, 최소한 수습으로 조성 작업에 참여하는 과정은 마쳐야만 익힐 수 있다. 따라서 전실묘 축조 기술의 전승과 보급에는

---

* 전실묘는 외칸[單室] 무덤과 두 칸 무덤, 외칸에 곁칸이 1개 달려 있는 무덤, 두 칸에 곁칸이 1개나 2개가 달려 있는 무덤으로 나눌 수 있다(리순진, 《평양 일대 락랑무덤에 대한 연구》, 중심, 2001, 145쪽).

고도의 기술을 갖춘 기술자의 유입을 전제할 수밖에 없다. 전실묘의 건축 비용 역시 새로운 지배층의 유입 증거가 될 수 있다. 이실二室 (두 칸) 규모*의 전실묘 1기를 축조하기 위해서는 1만 매 이상의 벽돌이 필요하기 때문이다.[17] 따라서 상당한 경제력을 갖춘 대방군의 지도급 인사들이 전실묘를 축조했으리라 추정된다. 실제로 1911년에 황해도에서 대방태수帶方太守라고 쓰인 장무이張撫夷의 벽돌무덤이 발견되었으며, 1917년에 재차 발굴 조사가 이루어졌다.[18]

촉 및 오와 각축 중이었던 위는 후방의 안정을 위해 공손씨 정권에 유화책을 구사했다. 234년 촉의 제갈량이 사망해 여유가 생기자, 공손씨에 대한 위의 정책은 급변했다. 마침내 위는 238년에 유주자사幽州刺史 관구검毌丘儉에게 공손씨를 정벌하도록 했다. 당시 고구려 등 주변 세력이 모두 공손연公孫淵에게 등을 돌린 상태여서 공손씨 정권은 쉽게 무너졌다. 이에 앞서 위는 대방군과 낙랑군을 접수하고 각각 태수를 두어 두 지역을 지배했는데, 이런 전략은 공손연이 요동에서 한반도로 도망갈 경우를 대비한 조치였다고 판단된다. 내친 김에 위는 공손씨 정벌 때 원군까지 파견해준 고구려마저 공격했다.[19] 낙랑군의 재건을 위협할 세력을 미리 제거하는 사전 작업이었다.

서기 244~245년에 단행된 위의 고구려 원정은 낙랑·대방군을 포함한 한반도 정세에 큰 변화를 가져왔다. 관구검은 고구려를 공격했으며, 그 연장선상에서 낙랑태수와 대방태수는 고구려에 속한 영동의 예를 공격했다. 영동의 예는 서기 30년 동부도위가 폐지된 이래 고구려의 영향력 아래에 있었으므로, 낙랑과 대방은 고구려의 배후를 차단하려는 의도로 영동의 예를 공격한 것이다. 이로 인해 고구려는 큰 타격을 입었다. 고구려의 위협을 어느 정도 제거하자, 위는 한반도 정책에 변화를 시도했다. 위의 입장에서는 공손씨와 관련된 세력이 상당히 잔존한 대방군의 주도권을 빼앗고 서북한 군현 지배의 중심축을 낙랑군으로 옮길 필요가 있었다. 위는 진한辰韓 12국 중 8국의 관할권을 대방군에서 낙랑군으로 이관함으로써 낙랑·대방군 체제의 개편을 시도했다.

그럼에도 불구하고, 위나 그 뒤를 이은 진晉 왕조 역시 대방군을 낙랑군에 편입시키지 않은 채 계속 유지했다. 2세기 초반부터 진행된 낙랑군의 쇠퇴는, 위나라가 공손씨 정권을 무너뜨린 후에도 회복되지 못했다. 후대인 진대의 기록이지만, 《진서》 〈지리지〉에 따르면, 낙랑군에 소속된 현은 6개에 불과했다. 후한 광무제의 낙랑 재건 당시 18현이었던 군세郡勢가 이렇게 줄어든 주된 원인은 대방군으로 분할되었기 때문이지만, 대방군에 속했던 현들까지 합산해도 13현으로 후한 때보다 5현이나 감소했다. 이처럼 낙랑군의 위상이 계속 추락하자, 그만큼 대방군이 한반도에서 차지하는 전략적 가치가 커질 수밖에 없었다.

낙랑군의 장기 지속과 고고학 자료

중원에서는 무려 다섯 왕조(전한-신-후한-위-진)가 교체되었는데도, 기원전 108년에 설치된 낙랑군은 서기 313년 고구려에게 멸망하기까지 400년 이상 존속했다. 중원에서 멀리 떨어진 변방 중 변방인 낙랑군이 이토록 장기간 군현의 명맥을 유지한 원인은 두말할 나위도 없이, 그만큼 한반도가 중원 왕조에게 전략적 가치가 컸기 때문이라고 할 수 있다.

낙랑군의 장기 지속과 관련해 낙랑군의 교역 거점설을 검토할 필요가 있다. 교역 거점설이란 고대 중원 왕조가 낙랑군을 중국과 한반도, 나아가 일본 열도 사이의 교역 거점으로 삼았다는 견해다. 근대 영국이 홍콩을 식민지로 삼아 대對중국 교역의 거점으로 활용한 사례와 같다. 교역 거점설에는, 낙랑군이 중원 왕조와 한반도의 제국諸國 사이의 중계 무역을 담당해 양자에게 경제적 이익을 주었기 때문에 토착 정치체가 파국의 위험까지 감수하면서 굳이 낙랑군을 축출할 필요가 없어 장기간 존속할 수 있었다는 논리가 내포된 듯하다. 대체로 교역 거점설은 낙랑군을 한漢 제국의 식민지로 파악하는 정치 거점설에 대한 반론 차원에서 제기되었다. 낙랑군을 해상 교통에 의존한, 대동강 유역 일대에 국한된 조계지로 보거나, 삼한과 중국의 교역에서 낙랑군이 중계지 역할을 했다는 주장 등이 교역 거점설에 해당한다. 문제는, 이런 견해를 밝히면서 정작 교역의 구체적

고대, 한반도로 온 사람들

내용 등에 관한 설명은 미흡하다는 데 있다.[20] 기껏해야 삼한의 교역 품목으로 소금, 철, 포布 등을 들고 있으니 말이다.

염철세鹽鐵稅가 한 무제 이래 중앙 정부의 주요 세금원이 될 만큼 중원의 염철 산업은 기간산업이었다. 또한, 한대에 와서 본격적으로 작동한 동서 교역로가 실크로드라고 불릴 정도로 중국의 섬유 산업도 세계 최고 수준이었다. 때문에 한반도산 염, 철, 포 등은 당시 중국 대륙의 소비자에게 그리 탐나는 상품이 아니었다. 더구나 위가 촉, 오와 각축을 벌이는 와중에도 낙랑태수를 파견하거나, 공손씨 정권이 위의 위협 속에서도 대방군을 따로 설치했다는 사실 등은 중원 왕조가 낙랑군 지역에 대한 정치적 지배력을 확고히 하려는 시도를 계속했음을 보여준다. 이런 시도의 이유는, 당시 한반도가 오늘날 석유에 버금가는 목재의 주요 공급기지였다는 정황 외에는 상정할 수가 없다.

그렇다고는 해도, 낙랑·대방군, 특히 낙랑군이 400년 이상이나 지속된 원인으로 토착 세력의 취약성을 고려하지 않을 수는 없다. 두 군이 유지되는 동안 중원 왕조의 후원을 받던 낙랑·대방군을 압도할 만한 정치체가 한반도에는 존재하지 않았다. 그 북쪽으로는 고구려가 중원 왕조와 대립하면서 정치적 성장을 꾀하고 있었고, 남쪽에서는 백제 역시 정치적 성장을 거듭하면서 마한 제국諸國의 구성원에서 벗어나 초월적 존재로 격상했다. 하지만 고구려와 백제의 국력이 여전히 낙랑·대방군을 정복할 수 있을 수준에는 이르지 못했다.

평양 낙랑 구역 정백동 107호분으로, 나무곽무덤이다. 출처: 리순진·김재용, 《락랑구역일대의 고분발굴보고》, 백산자료원, 2003, 5쪽

성장하던 고구려와 백제가 두 군과 격돌하는 사태가 불가피해지자, 마침내 고구려는 낙랑·대방군을 축출하였다.

낙랑군이 존속하는 동안 중국계 주민은 지속적으로 고조선 지역으로 유입되었다. 그 흔적은 고고학 자료에서도 확인할 수 있다. 낙랑군의 중심지였던 평양시 낙랑 구역 일대에는 3,000여 기의 고분이 분포하고 있으며, 상당 부분 발굴 조사가 이루어졌다. 일제 강점기 조선총독부의 주도로 전실묘 등 70여 기의 고분을 발굴하여 그중 50여 기 정도가 보고되거나 소략하게나마 소개되었다. 해방 이후 북한 당국도 이 일대의 고분을 발굴했다. 특히 1990년대 이후 2,200여 기에 달하는 고분의 발굴 조사가 이루어져 그 성과도 단편적이나

고대, 한반도로 온 사람들

마 점차 공개되고 있다. 이들 고분 중 낙랑 고분은 목곽묘木槨墓, 귀틀묘, 전실묘로 나눌 수 있고, 고분의 중심 연대는 기원전 1세기(목곽묘), 서기 1~2세기(귀틀묘), 서기 3~4세기(전실묘)에 해당한다.[21]

낙랑 고분 중 북한 학계에서 '나무곽무덤'이라고 부르는 목곽묘는, 지하에 무덤구덩이를 파서 이 안에 두꺼운 판재板材로 덧널[槨]을 만든 다음 그 내부에 목관木棺을 안치하고 머리 쪽 곽과 관 사이의 공간과 관 안에 부장품을 넣은 뒤 봉토封土를 씌운 무덤 양식이다. 부부 합장合葬의 경우는 이미 만든 무덤구덩이의 한쪽을 파서 먼저 묻은 곽에서 30~40센티미터 사이를 두고 같은 모양의 곽과 관을 만들어 조성한다. 그 주요 유물로는 세형동검細刑銅劍과 함께 철제 무기, 공구, 거마구 등이 출토되었다.[22] 이들 무덤에서는 중국식 유물과 더불어 세형동경으로 대변되는 토착 유물이 출토되었으나, 그 뒤의 귀틀묘와 전실묘 단계에서는 대부분 중국산 유물이 부장되어 있었다.

귀틀묘는 판재로 네모진 곽[귀틀]을 조성한 뒤, 귀틀 안에 부부의 목관을 매장하는 무덤 양식이다. 귀틀묘는 1916년 조선총독부 제1차 고적 조사 사업의 일환으로 행해진 평안남도 대동군 대동강변 1~10호분의 발굴 조사에서 본격적으로 확인되었다. 조사 당시부터 중원 계통의 독특한 목재 매장 주체부(묘)와 다량의 부장 유물 때문에 세간의 주목을 끌었다. 중원식의 이 같은 부부 합장묘가 한반도에 본격적으로 등장한 시기는 낙랑군이 설치된 뒤였다.[23] 현재까지

귀틀묘의 면모를 볼 수 있는 남정리 116호분(평안남도 대동군 남곤면 남정리(현 평양시 낙랑
구역 남사리) 소재). 출처: 국립중앙박물관, 《낙랑》, 39쪽.

고대, 한반도로 온 사람들

귀틀묘에서는 철제 장검長劍이나 대도大刀가 주종을 이룬 무기류를 비롯하여 청동 용기, 명문銘文 칠기, 장옥葬玉(장례용 옥), 각종 장신구 등 중국산 유물이 대량으로 출토되었다. 칠기, 한경漢鏡 등에 새겨진 연호年號로 판단할 때, 이들 무덤은 기원전 1세기 후반부터 서기 2세 까지 조성된 양식이다.[24]

귀틀묘가 평양 지역에 집중된 반면 전실묘는 서북한 전역에 분포 하고 있다. 앞서 본 대로, 공손씨 정권이 대방군을 설치한 뒤 '황지' 인 황해도 일대에도 중국인이 유입되었으며, 이들과 더불어 전실묘 도 축조되기 시작했다. 전실묘에서는 연호 등의 기년을 새긴 벽돌이 다수 발견되어 무덤 주인의 사망 연대나 무덤 축조 연대, 벽돌의 제 작 연대 등을 알 수 있다. 기년의 연호들은 후한, 위, 진의 연호가 대 부분이다. 이 기년명紀年銘 벽돌은 연호 외에 무덤 주인의 신분을 알 수 있는 성씨나 관직, 출신 등이 표기된 예가 있어 당시의 시대상을 파악할 수 있는 중요한 자료가 되고 있다. 실생활 용품이 아닌 무덤 부장용인 명기明器(무덤 부장용 토기나 도기, 목기 등)의 부장이 전실묘의 특징인데, 귀틀묘와 달리 전실묘에는 칠기나, 청동기를 모방한 목마 木馬, 목용木俑 등이 부장되었고 명기의 대부분은 토기와 도기다.[25]

낙랑 고분 내에서 발견된 부장품은 보존 상태가 좋을 뿐만 아니 라, 종류나 수량 면에서 당시 중원의 한대 유적과 비교해도 손색이 없을 정도다. 부장품 중에서 특히 연구자들의 관심을 집중시킨 유물 은 바로 칠기다. 낙랑 고분에서 출토된 칠기 유물은 촉군蜀郡과 광한군廣漢郡의 공관工官에서 제작된 사실 등이 상세히 기록된 명문銘文이 있는 데다, 고분 주인과 관련된 성씨 등이 확인되어 낙랑 고분과 낙랑 문화, 나아가 낙랑군의 성격을 연구하는 데 중요한 자료로 주목받았다. 따라서 낙랑 고분에서 칠기가 집중적으로 조사된 1920년대 중반 이후부터 칠기 유물은 낙랑 문화를 대표하는 유물로 간주돼

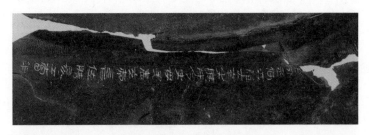

제작 연호가 명기된 칠기를 기년명 칠기라 하는데, 그림은 석암리 194호분에서 출토된 칠이배(길이 23.5cm)다. 출처: 국립중앙박물관, 《낙랑》, 102쪽.

고대, 한반도로 온 사람들

'낙랑 칠기'라는 명칭으로 일컬어졌다.[26]

칠은 방부성, 방수성, 접착성 등을 갖춘 중요 자원으로, 한대에는 염철 등과 함께 국가가 재원을 확보하기 위한 기간산업으로 육성하기도 했다. 당시 부자들은 은으로 테두리를 장식하거나 금과 청동으로 손잡이를 만든 그릇을 사용했고 금으로 만든 술통이나 옥으로 만든 술잔도 이용했는데, 칠기로 만든 술잔 한 개의 가격이 청동 술잔 열 개에 해당했다고 한다. 이처럼 이배耳杯(좌우에 귀와 같은 손잡이가 달린 타원형의 잔)와 같은 술잔을 포함한 칠기 제품은 고가의 귀중한 상품이었다.[27]

현재까지 대략 67점의 기년명 칠기가 확인되었는데, 가장 이른 시기의 칠기는 석암리 194호분에서 출토된 시원始元 2년(기원전 85) 칠이배이며, 가장 늦은 시기의 칠기는 평양 부근 고분에서 나온 영평永平 14년(서기 102) 칠안漆案이다. 출토된 유물의 제작처는 중앙 공관과 지방 공관으로 나뉜다. 중앙 공관으로는 소부少府(한대에서 당대까지 설치된 중국의 재무관청)에 설치한 고공考工, 우공右工 등에서 제작한 칠기가 있고, 지방 공관으로는 촉군蜀郡 서공西工과 광한군공廣漢郡工에서 만든 칠기도 있다.* 또, 칠기에 등장하는 성씨는 왕王, 고高, 주周가 다수를 차지하고 장張, 한韓, 정丁, 조趙, 이李 등도 있는데,[28] 모두 중원 계통 성씨다. 위만조선 멸망 당시를 전하는 《사기史記》** 에는 조선상朝鮮相 노인路人, 조선상 한음韓陰, 니계상尼谿相 삼參, 장군 왕겹王唊 같은 인물이 등장하는데, 이 중 옛 고조선 계통 인물로 보이는 노인, 삼등과 중원 계통 성씨는 확연히 다르다. 이들 중 한음과 왕겹도 중국식 성을 수용한 옛 고조선계 유민일 가능성을 배제할 수 없다.

이처럼 한반도에 무수히 남아 있는 고분은, 낙랑군이 설치된 뒤 중국인계 이주민이 낙랑군 일대에 정착해 살다가 그곳에서 죽음을 맞이한 증거다. 이들 고분에서 출토된 기년명 칠기, 성씨 등이 새겨진 명문 칠기는 한 무제가 위만조선을 멸망시키고 그 중심지에 설치한 낙랑군이 평양을 중심으로 한 서북한 일대에 위치해 있었다는 결정적인 자료다.

중국계 이주민과 위만조선

현재까지 알려진 문헌 자료에 따르면, 중국인이 한반도로 이주해 온 시기는 진 시황의 중국 통일 과정 때부터다. 그러다가 진 시황이 중국을 통합한 뒤 만리장성 수축 같은 대규모 토목 사업을 벌이면서, 그 고역苦役을 피하려는 중국인이 파도처럼 한반도로 밀려들어왔다.

---

* 촉군과 광한군은 사천성四川省에 설치한 군으로, 사천성은 고대 중국의 대표적인 목재 산지였다. 이런 연유로 목재가 주재료인 칠기 제품 등을 생산하는 공관을 사천성 일대에 설치했으리라 본다. 이곳 사천성에서 벌목된 목재는 양쯔강 수로를 따라 수송되었다. 1733년 무렵 서양의 한 목격자에 따르면, 장강을 통해 운송되는 뗏목들의 길이가 무려 2킬로미터나 되었다고 한다(페르낭 브로델 저, 주경철 역, 《물질문명과 자본주의 1-2》, 2013, 까치, 603쪽 참조). 양쯔강의 수로를 따라 수송된 목재는 주로 수로(해운 및 강운)를 따라 낙양을 비롯한 중원 각지로 운반되어 사용되었다. 낙양의 소비자에게는 이처럼 기나긴 수로를 따라 운송된 사천성산 목재보다는 운송비가 저렴한 한반도산 목재가 가격 면에서 훨씬 이로웠다.
** 한나라 무제 때 사마천司馬遷이 황제로부터 한 무제 태초太初 연간(기원전 104~101)까지 2,600여 년의 중국 역사를 기록한 역사서.

2장에서 자세히 살펴보겠지만, 이때 한반도로 망명한 진인秦人은 무려 수만 명이다. 이런 대규모의 이민 행렬은 진시황이 죽은 후 진승陳勝의 반란을 계기로 중국에서 큰 난리가 일어난 진 말기에도 또 한 차례 나타난다. 이는 "진승 등이 군사를 일으켜 천하가 진 왕조에 반기를 드니, 연燕, 제齊, 조趙의 백성 수만 명이 조선으로 피난해 왔다." 라는《삼국지》〈예전濊傳〉의 기록을 통해 알 수 있다.

진 시황의 통치 기간 동안에는 전국의 도로망 확충 등 대규모 토목 공사가 행해져 백성의 부담이 가중되었다. 기원전 208년 진 시황이 죽은 뒤 호해胡亥가 2대 황제로 즉위한 다음에도 이 같은 부담 전가는 시정되지 않았다. 마침내 진승陳勝이 주도한 농민 봉기가 일어났으며, 이에 호응하는 반란이 중국 각지에서 계속 일어났다. 진승의 농민군은 진의 군대에 진압되지만, 유방劉邦 휘하의 반란군이 기원전 206년에 진의 수도 함양咸陽을 함락해 진을 멸망시켰다. 이 와중에 엄청난 규모의 피난민이 발생했고 그 일부가 고조선으로 망명했다. 이런 사실은 "한漢 초기의 대 혼란기에 연·제·조나라 백성으로서 조선 지역으로 피난 간 사람이 수만 명이나 되었다."라는《후한서》〈예전〉의 기록에서도 확인된다.

위만도 이 무렵 고조선에 망명해 그 서쪽 변경에서 세력을 키워 기원전 194년에 준왕을 몰아내고 조선의 왕위에 올랐다. 위만의 조선은 그 손자 우거왕 때까지 이어지다가 한 무제의 공격을 받아 기원전 108년에 멸망했다. 흔히 이 기간 동안 존속했던 조선을 '위만조선'이라 부른다.

위만이 조선으로 망명한 시기는 한의 유방이 항우項羽를 물리치고 중국을 통일한 지 얼마 되지 않은 때였다. 통일 직후 유방은 원활한 지방 통치를 위해 휘하의 인물을 제후諸侯로 임명했다. 당시 연 왕燕王에 임명된 노관盧綰은 유씨 성이 아니면서 제후에 봉해진 몇 안 되는 인물 가운데 한 사람이었다. 그런데 유방은 황권 강화를 위해 다른 성씨의 제후를 재빠르게 제거하기 시작했다. 그러자 노관은 흉노로 망명했고, 이 와중에 연인燕人(옛 연燕 지역 출신 주민들) 중 일부는 조선으로 망명했다. 그 대표적인 인물이 위만으로, 그는 1,000여 명을 이끌고 왔다고 한다.

망명객에 불과했던 위만이 조선의 왕위를 차지한 과정은《위략魏略》*의 기록을 인용한《삼국지》〈동이전〉에 비교적 자세하게 서술되어 있다. 그 내용은 다음과 같다.

노관이 흉노로 도망간 뒤 연인 위만도 망명하여 오랑캐의 복장을 하고 패수浿水를 건너 준왕에게 항복했다. 위만이 서쪽 변방에 거주하게 해주면 중국의 망명자들을 거두어 조선의 번병藩屏**이 되겠다고 준왕을 설득했다. 준왕은 그를 믿고 아껴 박사博士로 임명하고 규圭***를 하

---

* 어권魚拳이 편찬한 삼국시대 위(220~265)의 역사서로, 진수가《삼국지》〈위지〉를 편찬할 당시 가장 많이 이용한 문헌 자료로 알려졌다. 현재 원본은 전하지 않으며 그 일부가《삼국지》 등에 인용되어 있다.
** 왕실이나 나라를 수호하는 국경의 병영.

사하며 100리의 땅을 떼어주어 서쪽 변경을 지키게 했다. 위만이 망명자들을 유인하여 그 무리가 차츰 많아지자 준왕에게 사람을 보내 속여 말하길 "한漢나라의 군대가 열 군데로 침략해 오니 왕궁에 들어가 숙위하기를 청합니다." 하고는 마침내 되돌아서서 준왕을 공격을 했다. 준왕은 위만과 싸웠지만 상대가 되지 못했다.

이처럼 위만은 자신보다 먼저 고조선 지역에 정착했던 수만 명의 중국인은 물론이고 이후에도 계속 고조선으로 망명해 온 중국계 이주민을 모아 준왕을 몰아내고 왕위를 차지했다.

위만의 찬탈 과정은 《사기》〈조선열전朝鮮列傳〉에서도 찾아볼 수 있다. "연 왕 노관이 배반하고 흉노로 들어가니 위만도 망명했다. 그는 1,000여 명을 모아 무리를 이루고, 상투에 만이蠻夷(오랑캐)의 옷을 입고 동쪽으로 달아나 성채를 넘어 패수를 건너 진의 옛 공지空地(고조선 서쪽 변경 지역의 길게 이어진 요새) 상하장上下障에 살았다. 위만은 점차 진번·조선의 만이와 옛 연·제의 망명자를 복속시켜 왕이 되었는데, 왕검王儉을 도읍으로 삼았다."라는 기록이 바로 그 내용이다.

조선의 왕이 된 위만은 한 왕조와 '외신外臣'이라는 주종 관계를 맺고 한에 대한 주변 세력의 도전을 견제하는 임무를 맡는 한편, 그 반대급부로 한의 우수한 무기와 재물을 공급받아 주변의 정치체를 하

*** 옥으로 만든 홀笏로, 위쪽 끝은 뾰족하고 아래는 네모졌다. 옛날 벼슬아치가 임금을 만날 때에 손에 쥐던 물건이다.

나하나 복속시켰다. 그 결과, 위만이 왕이 된 지 20여 년도 지나지 않아 위만조선은 한漢 왕조에 위협적인 존재로 뚜렷이 부각될 정도로 국력이 성장했다. 이런 정황은 "효문제孝文帝(기원전 179~157)가 즉위했을 때 장군 진무陳武 등이 의논하여 말하기를 '남월南越과 조선은 진의 전성기에 와서 복종했는데, 그 후 병력을 갖추고 험한 곳에 의지하여 한을 엿보고 있습니다.'라고 했다."라는《사기》〈조선전〉의 기록이 알려주고 있다.

비록 왕위를 찬탈했지만, 위만 집단은 사실상 옛 조선의 고유한 질서에 편입되었다. 이런 정황은 위만조선에 와서도 옛 조선의 수장층이 중용되었다는 사실에서 분명하게 드러난다. 물론 그것을 토착 세력의 반발을 무마하기 위한 조치로 파악할 수도 있다. 그렇다고 해도 조선이라는 국호를 그대로 사용했다는 사실은 위만을 위시한 중국계 이주민이 적어도 기존 질서 아래에서 국정을 운영하려 했다는 증거로 볼 수 있다.

위만조선에 관한 정보는《사기》,《한서》등 중국 측 문헌에 보이는 단편적인 기록에 불과하며, 그것도 아주 소략하다. 이들 자료에 따르면, 위만조선 조정 내부에 상相을 비롯한 고위 관리의 직책이 보인다. 우거왕 때의 조선상 노인과 니계상 삼이 그 대표적 인물이다. 이들의 관직명 '상' 앞에 '조선', '니계' 등 지명이 붙어 있는데, 이들이 그 지역에 기반을 둔 옛 조선의 수장층이라고 보아도 무방하다. 이들 수장의 세력 규모는 조선상 역계경이 우거왕과 반목해 고조선과 인접한 진국辰國(진한)으로 망명할 때 2,000여 호戶를 이끌고 갔다는 데서 짐작할 수 있다. 이런 세력을 기반으로, 이들 수장이 중앙 정부의 최고위직인 상에 오를 수 있었다.

아울러 국왕 역시 왕조를 유지하기 위해서는 옛 조선 수장층의 기득권을 인정하지 않을 수 없었다. 실제로 기원전 108년에 한漢에 의해 왕검성이 함락될 수 있었던 결정적인 요인은 조선상 노인을 비롯한 지도부의 투항이었다. 이들은 혼자서가 아니라 휘하의 종족과 함께 항복했다. 당시 최강의 한군에 1년 동안이나 맞섰던 조선군이 일시에 무너진 이유도 이 때문으로 보아야 한다. 조선의 지역 수장들은 조선 멸망 후 한 무제로부터 그 공로를 인정받아 열후로 봉해졌다. 흉노나 남월 등에서도 왕조가 멸망한 후 열후에 봉해진 자들은 대개가 휘하에 독자적인 세력을 가지고 있던 토착 수장층이었다고 한다.[29]

위만조선은 조선이라는 국호를 사용했을 뿐 아니라 '상'이라는 최고직을 가진 옛 조선계 인물이 상당수 참여하고 있었다. 비록 위만은 중국계 유민이지만, 위만조선은 조선의 기존 정치질서를 계승하는 형태를 취하고 있었다. 다시 말해, 이들은 중국식 모델이 아닌 옛 조선의 고유한 제도나 관행에 따라 통치했다고 할 수 있다. 이런 측면에서 위만 집단이 토착화, 즉 조선화했다고 판단할 수밖에 없다. 그들이 의도했든 아니든 간에 그런 방향으로 전개되었다.

한편, 일제 강점기의 이른바 식민사학자인 관변 학자들은 위만의 출신지를 역사적 쟁점으로 부각하려 했다. 그 저의는 명백하다. 이들은 '단군조선, 즉 고조선'의 역사는 조작된 신화로 치부하고, 중국인의 식민 정권인 위만조선과, 위만조선을 이은 한사군이 한국사의 시작이라고 규정했다. 이런 주장은, 한반도는 애초부터 중국의 식민지였기 때문에 당시 조선이 일본의 식민 지배를 받는 것이 너무나 당연하다는 논리가 내포되어 있었다. 이들 관변 학자에게 위만이 중국인이라는 사실은 아주 매력적인 소재였다.

해방 후 남한 학계에서는 위만이 중국인이라는 일제 관변 학자들의 견해에 의문을 제기하고 나섰다. 그 주요 내용은 이러하다. 첫째, 위만이 관리로 있던 당시 연나라의 종족 구성이 다양했다. 둘째, 그가 망명 때 조선인의 풍속인 북상투[魋結]를 틀고 오랑캐 옷[蠻夷服]을 입었다. 셋째, 한 글자로 된 중국식 국호가 아니라 조선이라는 나라 이름을 그대로 사용하는 동시에, 위만 정권에서도 여전히 토착인, 즉 옛 조선인 가운데 고위직에 오른 인물이 많았던 사실로 보아 고조선의 전통을 그대로 계승했다. 이것이 위만이 조선인이라는 근거라며 주장했다.[30] 위만이 조선인이라는 견해는 이후 국내 학계의 통설이 되었다. 북한 학계의 주장도 남한 학계의 견해와 대동소이하다.[31] 다시 말해, 남북한 학계는 공히 위만이 조선인이기 때문에 위만조선도 당연히 한국사의 영역이라고 주장한다.

그런데 이런 정황 근거만을 가지고 위만을 조선인으로 규정하는 논리는 그다지 설득력을 가질 수 없다. 실제 위만조선에 관한 정보

고대, 한반도로 온 사람들

를 제공하고 있는 《사기》〈조선열전〉과 《한서》〈조선전〉 등은 분명하게 위만이 연인燕人이라고 기록하고 있기 때문이다. 먼저, 연의 종족 구성이 다양했다고 해도 위만이 조선인이라는 보장은 없다. 그가 중국인일 수도 있고, 조선인도 중국인도 아닐 수 있다. 두 번째 근거도 마찬가지다. 예컨대 의관 하사는 고대 복속 의례의 일종이다. 복속을 표시하기 위해 위만이 망명 때 착용한 오랑캐 옷은 조선 왕의 환심을 사기 위한 의도적인 행동이었을 가능성도 있다. 실제로 이런 의도가 효과를 발휘해 위만은 준왕으로부터 서쪽 국경 일대의 땅을 하사받았다. 상투 또한 진시황릉의 등신도용等身陶俑(죽은 사람과 함께 묻기

진시황릉의 등신도용.

위해 사람의 크기와 같이 흙으로 만든 인형)에서 확인할 수 있듯이 고조선만의 고유한 풍속도 아니었다.

마지막 문제 제기는 역으로 위만이 조선인일 가능성을 부정하는 근거가 될 수 있다. 위만조선이 옛 조선의 수장층을 중용한 조치는, 이들의 반발을 무마하기 위한 회유책으로 볼 수 있다. 위만 집단이 이들의 기득권을 인정하지 않고는 정권을 유지하지 못할 정도로 조선 내에 세력 기반이 약했기 때문에 그들을 중용했을 가능성도 농후하다. 그리고 위만이 조선이라는 국호를 그대로 사용한 이유도, 실은 토착 수장층의 기득권을 인정해야만 왕조를 유지할 수 있을 정도로 그의 세력 기반이 약했다는 반증일 수 있다.

결론적으로, 국호 계승, 토착인 중용 등 위만 집단이 토착 세력의 기득권을 인정한 조치는 그들의 세력 기반이 조선계 주민을 완벽하게 장악할 만큼 확고하지 않았기 때문에 부득이하게 취한 무마책으로 보아야 한다. 따라서 위만은 조선계 인물이 아니라 오히려 중국계 이주민 출신일 가능성이 크다고 하겠다.

한국사의 영역을 논하기 위해 굳이 위만 개인의 국적에만 매몰될 필요는 없다. "위만은 점차 진번·조선의 만이와 옛 연·제의 망명자를 복속시켜 왕이 되었다."라는 《사기》〈조선열전〉의 기록이 단적으로 알려주는 대로, 위만조선의 구성원은 고조선계 주민과 중국계 주민이었다. 이 중 중국계 주민에는 위만의 망명 전에 조선에 정착한 연, 제, 조 지역 출신의 수만 명도 포함되어 있었다. 물론 "아들을 거쳐

고대, 한반도로 온 사람들

손자 우거 때에 이르러서는 유인해낸 한의 망명자 수가 대단히 많았
다."《사기》,〈조선열전〉)라는 기록대로, 위만 이후에도 중국인은 계속 조
선으로 이주해 왔다.

이렇게 우거왕 시절에도 빈발한 한인의 망명 행렬은 한 무제가 고
조선을 침략한 원인 중 하나였다.《사기》〈조선열전〉은 한 무제가 위
만조선을 공격한 이유가 우거왕이 한인을 유인하고 천자를 알현하기
않았을 뿐만 아니라 주변 소국들의 천자 방문 길을 방해했기 때문이
라고 밝히고 있다. 다시 말해, 위만조선이 적극적인 이민 정책을 펼쳐
한인漢人의 이민 행렬을 조장함으로써 한 무제의 심기를 건드린 셈
이다.

문헌 자료에 나타난 사례들만 보더라도, 중국으로부터 많게는 만
명 단위, 적게는 천 명 단위의 이민 행렬이 장기간에 걸쳐 이어졌다.
그중에는 위만과 함께 이주해 온 무리도 있었다. 하지만 위만을 위
시한 중국계 주민은 '조선인'이라는 범주 속에 융해되어 존재했다.
이런 사정은 "한 무제는 조선을 정벌하여 멸망시키고 그 지역을 분
할하여 4군四郡을 설치했다. 이때부터 점차 호인胡人과 한인漢人 사
이에 구별이 생겼다."라는《삼국지》〈예전〉의 기록에서 살펴볼 수 있
다. 인용문에 따르면, 토착민[胡人]과 한인의 구별은 한사군이 설치된
뒤부터 생겨난 현상이다. 위만조선 시절만 해도 원주민과 중국계 주
민은 서로를 구별하기보다 '조선인'이라는 정체성을 공유했으리라
추정된다.

실제로 이들 중국계 주민이 '조선인'이라는 독자적인 정체성을 가지고 있었다는 정황은 그들의 대한對漢 정책에서도 단적으로 드러난다. 기원전 109년 한 무제가 사신을 파견하여 회유하려 했지만 우거왕을 비롯한 지도부의 다수는 무제의 제안을 단호하게 거부했다. 그 결과로 멸망했지만 말이다. 한편으로, 중국계 이주민은 '중국인'으로서의 정체성도 유지하고 있었다고 판단된다. 2장에서 서술하겠지만, 한사군이 설치되고 위만조선 출신 중국계 주민이 영남으로 이주한 후에도 자신들의 조상이 진秦나라 출신이라는 정체성을 유지하고 있었다는 정황이 드러나기 때문이다.

고조선 연구는 고고학자의 몫으로

끝으로, 위만조선 이전 고조선의 주민 계통을 살펴보자. 앞서 본 대로, 위만조선의 구성원에는 조선계 원주민뿐만 아니라 중국계 이주민도 포함되어 있었다. 나아가 위만조선에 복속된 진번, 임둔 등의 구성원도 그 일원이었다. 임둔 및 진번의 주민 구성에 관해서는 각각 2장과 3장에서 자세하게 다루기로 하고, 여기서는 진번과 임둔이라는 정치체의 대략적인 위상과 규모 정도만 간략하게 알아보겠다.

한 무제가 설치한 한사군 중 진번군과 임둔군은 《사기》〈조선열전〉에 위만이 조선의 왕이 된 뒤 복속시킨 정치체로 등장하는 진번, 임둔과 명칭이 일치한다. 즉, 진번군과 임둔군은 각각 진번 및 임둔의 옛 땅에 설치되었다고 볼 수 있다. 학계에서는 대체로 진번은 나중에 대방군이 설치된 황해도 일대에 위치했다고 보고 있다. 문제는 임둔의 위치다. 학계는 임둔의 강역이 《후한서》와 《삼국지》에 등장하는 예[맥]의 지역과 관련이 있다는 주장에 일치를 보고 있지만, 아직 논쟁 중이다. 《후한서》 및 《삼국지》 〈예전〉의 기록에 의하면, 예 지역은 남쪽으로 진한, 북으로 고구려·옥저沃沮와 접해 있고, 동쪽은 대해大海에 닿으며, 서쪽은 낙랑과 접하고 있으며, 단단대[산]령單單大[山]領을 경계로 '영서'와 '영동'으로 구분하고 있다. 또한, 이 중 영서 지역은 낙랑군이 직접 관장했으나, 영동의 7현은 거리가 멀어 동부도위를 두어 다스리게 했다고 한다.

종래에는 "고구려 사람들은 힘이 세고 전투에 익숙하여 옥저와 동예東濊가 모두 복속되었다."라는 《삼국지》 〈고구려전〉의 '동예'와 예를 동일시해, 예 지역을 '영동 7현'에 한정해 이해하는 경향이 우세했다. 하지만 《삼국지》 〈예전〉은 분명히 예인濊人의 거주지를 영동은 물론이고 영서까지 포함해 서술하고 있다. "단단대산령의 서쪽(영서)은 낙랑군에 소속되었으며, 영동의 7현은 동부도위가 통치하는데, 그 백성은 모두 예인이다."라는 기록이 그것이다. 《후한서》와 《삼국지》 열전의 제목도 '동예'가 아니라 '예'라는 사실도 감안해야 한다. 따라서 원래의 임둔은 영동의 예뿐만 아니라 영서의 예도 포괄하는 정치체였다. 대체로 영동은 오늘날의 함경남도, 영서는 평안남도 및 황해도 동북부에 해당한다.

이들 임둔(예)과 진번이 고조선과는 별개의 정치 세력이었다는 근거는 《사기》 〈화식貨殖열전〉의 "연나라가 동으로 예맥濊貊, 조선, 진번과 교역했다."라는 기록에서도 찾아볼 수 있다. 이처럼, 예맥(예), 즉 임둔과 진번은 중원의 연燕과 교역 관계를 맺고 있었던 전국 시대(기원전 403~221)만 해도 고조선과는 별도로 독립적인 정치체로 존재했다. 따라서 한 제국이 진번 및 임둔의 옛 땅에 따로 군현을 설치한 이유는 진번과 임둔을 고조선에 버금가는, 별개의 정치체로 파악했기 때문으로 보인다. 예컨대 "지금 조선의 동쪽이 모두 예의 땅이고 호수가 2만이다."라는 《삼국지》 〈예전〉의 기록을 통해, 임둔군이 설치된 예 지역의 규모를 가늠할 수 있다. 이보다 앞선 기원전 128년에 한 제국이 창해군滄海郡*을 설치했을 당시 그 지역, 즉 예의 인구는 28만 명 이상이었다.

이 정도의 호구 수를 보유했던 임둔의 위상은 위만 이전의 조선보다 우위에 있었거나 최소한 버금갔다고 보아야 한다. 기원전 4세기 연의 제후가 스스로 왕을 칭하자 고조선의 군장도 뒤질세라 왕을 자

---

* 기원전 128년 예濊의 군장 남려南閭가 우거왕과 반목하여 28만 명을 이끌고 요동군에 내속內屬하자, 무제는 그 지역에 창해군을 설치했다(《후한서》, 〈예전〉). 28만 명은 초원 4년 낙랑군의 총인구에 버금갈 정도로 큰 규모였다. 창해군은 설치한 지 2년이 채 안 되어 폐지되었는데, 그 이유는 창해군을 유지하는 데 드는 비용을 감당하기 힘들었기 때문이었다(《한서》 권6, 무제기武帝記; 《한서》 권24, 〈식화지食貨志〉). 한의 수도 장안에서 무려 7,640리나 떨어져 있는 이 지역을 운영하기가 벅찼을 테다. 더구나 한과 창해군 중간에 위치한 고조선이 한반도의 패자로서 군림하고 있었던 당시의 정세를 고려하면 창해군의 유지는 더욱 힘들었을 것이다. 나중에 창해군 지역에 한사군 중 임둔군이 설치되었는데, 임둔군 역시 20년 만에 폐지된다.

고대, 한반도로 온 사람들

칭할 정도로 조선은 상당한 국력을 갖추고 있었다. 연은 전국 시대의 패자인 7웅七雄의 하나로 불릴 만큼 강대국이었다. 그렇다면, 진번과 임둔은 연 정도는 아니어도 최소한 위만 이전 조선에 상당하는 국력을 유지하고 있었다고 볼 수 있다. 조선을 장악한 뒤 군비를 크게 확장한 위만에게 복속되고 말았지만 말이다.

고조선의 원주민 계통을 알아보기에 앞서 반드시 짚고 넘어갈 쟁점이 있다. 고조선의 실체를 둘러싼 논쟁이다. 지금까지도 한국인 다수에게는 고조선을 둘러싼 논쟁은 이성을 잃을 정도로 민감한 주제다. 선의로 이해하면, 한민족의 '찬란하고 유구한 역사상' 만들기는 일제의 이른바 식민사관에 대한 비판 차원에서 제기된 산물이라고 할 수 있다. 문제는, 하필 그 대상이 고대사, 엄밀히 말해 고조선이라는 데 있다.

고조선에 관한 문헌 자료는 진지한 연구자의 입장에서는 절대적 빈곤을 넘어 아예 존재하지 않는다고 할 수 있다. 특히 위만조선의 멸망 과정을 상세히 다룬 《사기》 〈조선열전〉 이전의 기록으로 국한하면, 그야말로 한줌에 불과하다. 《사기》가 편찬된 시기가 기원전 2세기 말에서 기원전 1세기 초 무렵이니, 그 이전에 고조선을 다룬 중국 측 기록은 글자 수로 따지면 100자가 조금 넘는 정도가 전부다.

《관자管子》 '규도揆度 편'에서 제齊나라의 재상 관중管仲은 발조선發朝鮮의 문피文皮(무늬가 있는 동물 가죽)를 천하의 일곱 가지 특산물 중 하나라고 했다. 같은 책 '경중갑輕重甲'에서는 관중이 환공桓公(재위 기원전 685~643)에게 발조선의 문피에 값을 쳐주면 발조선이 제에 조근朝覲해 올 것이라고 건의했다. 여기서 발과 조선이 별개의 정치체인지 아닌지는 정확하게 알 수 없다.《산해경山海經》'해내북경海內北經'에서는 조선이 열양列陽의 동쪽, 바다의 북쪽, 산의 남쪽에 위치해 있다고 하면서, 열양은 연나라에 속한 지역으로 주석되어 있다.《산해경》'해내경海內經'에는 조선이라는 나라가 동해의 안쪽, 북해의 구석에 있다고 적고 있다.《전국책戰國策》'연책燕策'에는 소진蘇秦이 연 문후文候(재위 기원전 361~333)에게 조선과 요동이 연나라의 동쪽에 위치해 있다고 말하고 있다. 이 정도가《사기》이전 중국 측 문헌에 나오는 조선에 관한 정보의 전부다.[32]

더군다나 현재 연구자들이 연구의 근간으로 활용하고 있는 이들 문헌에 언급된 고조선에 관한 기록은 문헌학 관점에서 위만조선 이전 조선의 존재를 보증해줄 수는 없다. 그 기록들이 현재의 모습을 갖춘 시기는 한대 이후로, 그 시대의 역사적 산물일 가능성이 크기 때문이다. 이들 문헌은 진 시황의 분서갱유焚書坑儒 이후 한대에 와서 재편집된 선진先秦 문헌들처럼 한대에 다시 편집되었다.《관자》와《전국책》은 기원전 1세기 말 유향劉向의 편집을 통해 현재의 형태로 전래되었고, 조선에 관한 정보를 담고 있는《산해경》의 두 편도 한대에 편집되었을 가능성이 크다.

문헌 자료의 절대적 빈곤을 제대로 이해하는 연구자라면 위만조선 이전의 고조선 연구에 신중을 기할 수밖에 없다. 그럼에도 불구

고대, 한반도로 온 사람들

하고《전국책》,《산해경》,《관자》등에서 언급한 고조선에 관한 정보를 기본 자료로 삼아 고조선의 중심지, 정확하게 말하면 수도 위치를 둘러싼 논쟁이 분출하고 있는 실정이다. 평양설, 요하遼河 유역설, 요하 유역에서 평양 지역으로 옮겨 갔다는 이동설 등이 대표적인 주장이다. 이 중 요하 유역설의 논자들은 고조선이 요동이나 요서에 수도를 두고 한반도를 물론 오늘날의 중국 동북 지방까지 차지할 정도로 대제국을 구가했다는 '찬란한 역사상'을 창조해내기까지 했다. 게다가 이들은 고조선의 건국 연대가 기원전 2333년이라고 철석같이 믿고 있다.

한국 측의 가장 오랜 문헌으로는 12세기에 편찬된《삼국사기三國史記》와 13세기에 편찬된《삼국유사三國遺事》를 들 수 있다.《삼국사기》는 삼국시대 이전에 관해서는 거의 다루지 않아서, 지금까지 고조선을 연구하는 데 이용되지 않았다. 주로 신화와 전설을 수록한《삼국유사》가 그나마 고조선 시대를 연구할 수 있는 문헌이라고 할 수 있다. 하지만 전설이나 신화에 역사의 진상이 남아 있을 가능성이 있다고 해도, 연구 자료로 이용할 경우에는 매우 주의를 기울여야 한다. 대표적인 사례가 바로 단군 신화다.

《삼국유사》기이紀異 편에 실린 단군 신화에는 중국의 요堯 임금이 즉위한 지 50년 만에 단군이 고조선을 건국했다고 되어 있다. 이 기록이 '단기檀紀'로 알고 있는 기원전 2333년의 근거가 되어, 한민족이 반만년을 이어온 '유구한 역사를 지닌 민족'이라는 인식의 바탕이 되었다. 그런데 정작 현재 중국 학계에서는 요 임금을 중국 전설상 시조의 하나로 볼 뿐 그 실재를 인정하지 않는다. 최근 중국에서고대의 연대 체계를 세우려고 추진한 대형 학술 프로젝트인 '하상주단대공정夏商周斷代工程'에서도 요의 시대는 아예 논의의 대상에 포함되지 않았다. 이 '단대공정'에서는 하나라와 상나라 전기, 즉 기원전 1300년 이전의 연대까지는 정확한 파악이 불가능하다고 보고, 그 대략적인 틀만 설정하고 있다. 따라서 전통시대, 특히 송宋나라 시대 중국 학자들이 요 임금의 실존을 가정해 추정한 그의 즉위 연대를 수용하는 현대 중국 학자는 전혀 없다. 이러니 요의 즉위 연대를 토대로 도출된 단군의 개국 연대는 더더욱 받아들이기 어렵다.[33]

사실상 고조선의 최초 주민 계통을 알려주는 문헌 자료는 존재하지 않는다. 하는 수 없이《삼국유사》등에 수록되어 있는 단군 신화에서 실마리를 찾을 수밖에 없다. 잘 알려진 대로 단군 신화는 고조선의 건국 전승인데, 단군 전승은 문헌 자료에 따라 그 내용이 다르다. 그것은《삼국유사》유형,《제왕운기帝王韻紀》유형,《응제시應製詩》유형,《규원사화揆園史話》유형으로 나누어 볼 수 있는데, 이 중 고조선 시대와 가장 가까운 때 쓰인 것이《삼국유사》유형이다. 따라서 단군 신화에 대한 접근은《삼국유사》유형을 통해 이루어져야 한다고 판단된다. 물론《삼국유사》유형이라고 해서 고조선 당시의 전승그대로라고 할 수는 없다. 단군의 조부를 불교 용어인 환인桓因으로 표현하는 등 후대적 윤색이 포함되어 있음을 감안해야 하기 때문이

고대, 한반도로 온 사람들

다.[34] 《삼국유사》의 단군 신화에 따르면, 환인의 아들이자 단군의 아버지인 환웅桓雄은 하늘에서 무리 3,000명을 거느리고 신시神市에 이르렀다고 한다. 이어 신화는 단군의 모계는 곰에서 변신한 웅녀熊女라고 전한다. 곰이 인간으로 변신한다는 논리는 당연히 그대로 받아들이기 어렵다. 그래서 학계는 단군 신화에 등장하는 곰은 실제 동물이 아니라 신성한 존재나 신적 존재를 상징한다고 본다. 단군 역시 천상을 대표하는 신적 존재인 환웅이 지상의 웅녀와 결합해 낳은 신성한 존재가 된다. 이런 신성한 내력을 지닌 단군에 의해 고조선이 있게 되었다는 얘기다. 그렇다면 현실에서는 천상, 즉 외지에서 이주해 온 환웅 무리가 곰을 신神(토템)으로 모시는 신시의 원주민과 연합해 고조선을 건국했다는 이야기가 된다. 따라서 고조선의 최초 주민은 이주민인 환웅 무리, 토착민인 곰 토템 종족으로 구성되었다고 할 수 있다.

요컨대, 신화든 역사 기록이든, 문헌 자료만으로 파악할 수 있는 정보는 위만조선 이전 조선의 구성원이 토착인과 이주민으로 이루어졌다는 정도다. 이 문제를 직접 해명해주는 자료는 아니지만, "호랑이를 신으로 여겨 제사 지낸다."라는 《삼국지》〈예전〉의 기록에 주목할 필요가 있다. 호랑이를 토템으로 숭배하는 이들 예(맥)족의 주요 생계 수단 중 하나가 사냥이었다. 3장에서 자세히 다루겠지만, 채집 수렵인인 예맥족의 후예인 말갈족은 고려 초기까지도 평양 일원을 비롯한 한반도 북부에서 거주하고 있었다. 따라서 곰을 토템으로 섬기는 웅녀 종족 또한 예맥족의 한 분파로 추정할 수 있다. 이렇게 볼 수 있다면, 고조선 지역의 토착 주민은 예맥족이었으며, 그 시기는 특정할 수는 없지만 외지에서 이주해 온 환웅 집단이 토착 예맥족의 한 분파인 웅녀 무리와 연합해 고조선을 건국했다고 할 수 있다. 그 연맹체의 수장이 단군이었으리라.

한편, 북한 사회과학원 고고학연구소는 1982년부터 3년에 걸쳐 낙랑 구역 일대를 조사한 결과, 고분 2,000여 기가 있으며 이들 고분은 대체로 고조선과 낙랑군 시대에 조성되었다고 밝힌 바 있다.[35] 이곳에는 낙랑군의 군치郡治(관아인 치소治所가 위치한 군 중심지)로 알려진 토성리土城里 토성이 있으며, 그로부터 동북 800미터 지점에 또 다른 토성이 있다. 고분 지대 남쪽에 인접한 곳에도 토성이 확인되었다.[36] 북한 관계 기관은 현재까지 고조선의 중심지인 낙랑 구역을 비롯한 서북한 지역의 고분 3,000여 기를 발굴 조사했으며, 토성리 토성 등 토성들에 대한 발굴 조사도 수행했거나 하고 있다고 알려졌다. 그럼에도 발굴 조사의 연구 성과는 일부만 공개되고 있는 실정이다. 만약 이들 조사의 성과가 전면 공개된다면 문헌 자료의 절대적 빈곤으로 전혀 진전이 없는 고조선, 특히 위만조선 이전 고조선 연구에 새로운 계기가 될 수도 있을 테다.

고대, 한반도로 온 사람들

02: 삼한의
주민 구성

현재까지 전해지고 있는 문헌 자료에 나타난 한반도의 첫 주민은 마한馬韓 사람이다. 문헌 자료상 그렇다는 것으로, 실제 그 전까지 한반도에 아무도 살지 않았을 리는 만무하다. 고고학 자료에 의하면, 한반도에는 구석기 시대부터 사람들이 거주했다. 문헌 자료에 의하면, 위만조선 이전부터 고조선 남쪽에는 한韓이라는 정치체가 존재했다. "준왕準王이 근신近臣과 궁인宮人들을 거느리고 바다로 도망하여 한韓 지역에 거주했다."라는《삼국지》〈한전韓傳〉의 기록은 한韓이 고조선의 마지막 왕 준왕의 망명 이전부터 존재하고 있었다는 증거다. 준왕이 위만에게 왕위를 빼앗긴 해가 기원전 198년이니, 한은 그전, 즉 위만조선 이전에 하나의 정치체로서 존재하고 있었다. 아쉽게도 한의 성립 연대를 특정할 수 있는 문헌 기록은 남아 있지 않다.

문헌상 한반도의 첫 주민, 마한인

삼한三韓의 기원을 선주민先住民 사회, 즉 토착 세력의 성장과 발전이

라는 관점에서 파악하는 견해가 국내 학계의 일반적 경향이라고 할

수 있다.[37] 학계 일각에서는 일찍이 요동 지역에 있던 집단의 유이

민流移民이 한강 이남에 정착하면서 삼한이 성립되었다는 주장도 제

기되었다.[38] 또한 최근에는, 마한의 주민 계통은 토착 세력인 반면,

진한辰韓과 변한弁韓의 주력은 북방계 이주민의 후예라는 견해도 제

출되었다.[39] 일단, "보전步戰을 잘했다."라는《삼국지》〈한전〉의 기록

은 변한과 진한의 주민 계통이 북방계 유이민의 후예라는 주장과는

배치된다. 만약 변진한의 선조가 북방계 유이민이었다면《삼국지》

〈한전〉은 '기마전騎馬戰에 능했다.'라고 서술했을 확률이 높다.

그렇다면, 삼한의 주민 계통은 학계의 주장대로 모두 토착 원주

민이었을까? 아니면 마한의 구성원은 원주민이고 변진한의 경우는

북방계 이주민이었을까? "마한은 삼한 중 서쪽에 있다. 그 백성은

토착민으로 곡식을 심으며, 누에치기와 뽕나무 가꾸기를 알며 면포

綿布를 만들었다."라는《삼국지》〈한전〉의 기록에 따르면, 마한의 주

민 계통은 농경민인 원주민이 분명하다.

《삼국지》〈한전〉에 수록된 정보는 현지에서 직접 수집한 자료를

토대로 작성된 만큼 정확하다고 할 수 있다. 이런 정황은《삼국지》

〈동이전〉 서문의 다음 글에서 찾아볼 수 있다.

경초景初 연간(서기 237~240)에 위魏나라가 크게 군대를 일으켜 공손

연公孫淵을 죽이고, 또 몰래 바다를 건너 낙랑군과 대방군을 수습했다.

그 뒤로 해외가 안정되어 동이東夷들이 복속했다. 그 후 고구려가 배반하여 다시 약간의 군대를 파견해서 토벌하면서 아주 먼 지방까지 추격했으니, 오환烏丸과 장성長城을 넘고 옥저를 거쳐 숙신肅愼의 왕정王廷을 짓밟고 동쪽으로 대해(동해)까지 이르렀다. …… 마침내 여러 나라를 두루 관찰하여 그들 나라의 법령과 습속을 수집하여 나라의 대소大小 구별과 각국의 명칭을 상세하게 기록할 수 있었다.

이처럼 위 왕조는 두 차례의 동이족 원정을 단행했으며, 이 기간 동안 동이 지역에 관한 정보도 수집했다. 《삼국지》 〈동이전〉은 원정 기간 동안 현지에서 수집한 정보가 있었기 때문에 동이 제국諸國에 관해 자세하게 기록할 수 있었다고 강조한다. 《삼국지》는 "동이의 나라들을 순서대로 찬술했다. 그 가운데 같고 다른 사실을 열거하여 전사前史의 미미한 내용을 보완한다."라는 《삼국지》 〈동이전〉 서문의 마지막 구절대로, 최초로 〈부여전夫餘傳〉, 〈고구려전〉, 〈예전〉, 〈한전〉 등 〈동이전〉을 종합적으로 서술했다.* 이 중 한韓, 즉 삼한에 관한 정보는 낙랑군과 대방군을 통해 수집했을 가능성이 크다. 특히 낙랑군은 위나라의 동이 지역 원정을 기점으로 잡아도 300년 이상 존속한 만큼 삼한에 관해 상당히 정확하게 알고 있었음이 틀림없다.

《삼국지》 〈한전〉에는 "한韓에는 세 족속族屬이 있으니 첫째는 마한,

---

* 《삼국지》보다 앞서 편찬된 《사기》와 《한서》에서는 〈조선전〉만 다루고 있다.

둘째는 진한, 셋째는 변한이다. 진한은 옛 진국辰國이다."라고 기록돼 있다. 고조선의 준왕 시절까지만 해도 하나의 정치체를 가리키던 한韓이 세 족속, 즉 삼한을 아울러 부르는 정치체로 바뀌었다는 말이다. 인용문 중 "진한은 옛 진국이다."라는 기록은 진국의 후예인 진한이 한의 일원이 되면서 한이 삼한으로 분화했을 가능성을 내포하고 있다. 다시 말해, 진국이 한의 영역 안에 진입한 뒤부터 한韓이 마한뿐 아니라 삼한을 아울러 가리키는 용어가 되었을 가능성이 크다는 이야기다.

"한은 대방군의 남쪽에 있다. …… 한에는 세 족속[마한·진한·변한]이 있다."라는 《삼국지》〈한전〉의 기록 속 한은 삼한을 지칭하는 대표적인 용례라고 할 수 있다. 널리 알려진 "나라[변진한]에서는 철이 생산되는데, 한·예·왜韓濊倭가 모두 와서 사 간다."라는 《삼국지》〈한전〉의 기록에 등장하는 한韓은 마한을 가리킨다고 볼 수 있다. 《후한서》〈한전〉에는 "나라에서는 철이 생산되는데, 예·왜·마한이 모두 와서 사 간다."라고 기술돼 있음에 주목할 필요가 있다. 《삼국지》보다 1세기 이상 뒤에 편찬된 《후한서》*는 '한·예·왜韓濊倭'를 '예·왜·마한濊倭馬韓'으로 바꾸어 서술하고 있는데, 그 편찬자가 '한·예·왜' 중 한을 마

---

* 후한이 삼국보다 앞선 시대에 존재했지만 역사서 편찬에서는 《후한서》가 《삼국지》의 기록을 근거 자료로 이용해 편찬되었으며, 그 과정에서 윤색한 곳도 많아서 《삼국지》가 《후한서》보다 정확하다고 할 수 있다. 다음을 참조하라. 고병익, 〈중국正史의 외국열전 — 〈조선전〉을 중심으로〉, 《대동문화연구》 2, 1970; 천관우, 〈삼국지 한전의 재검토〉, 《진단학보》 41, 1976.

한으로 인식했다고 볼 수 있다. 그 밖에도 《삼국지》〈한전〉에 나오는 '한국韓國' '한지韓地' 등의 용어에서 마한을 한으로 표기한 용례를 찾을 수 있다.

한이 마한과 더불어 삼한을 뜻하는 용어가 된 연유는, 진한이 한의 일원이 되었기 때문으로 보인다. 진국의 주민이 한의 판도版圖로 이주한 뒤 '진辰'과 '한韓'이 합쳐져 '진한'이라는 용어가 파생되었을 가능성이 있다. 진한이 출현한 뒤 자연스럽게 '마한'이라는 개념도 발생했다고 본다. 이런 정황은 "진한의 노인들이 대대로 전하여 말하기를 '우리들은 옛날의 망명인[亡人]으로, 진秦나라의 고역을 피하여 한국韓國으로 왔다. 마한이 그들의 동쪽 지역을 분할해 우리에게 주었다'고 했다."라는 《삼국지》〈한전〉의 기록에서 찾아볼 수 있다. 인용문에는 '한국'과 '마한'라는 용어가 동시에 등장하는데, 하나의 정치체가 두 가지 용례로 표기되었다고 볼 수 있다. 한국, 즉 한은 '마한'으로 간주해도 무방하다고 할 수 있다. 다만 진한의 도래 이전에 마한이 이미 성립되어 있었다고 볼 수는 없으며, 인용문의 '마한'은 후대의 관점에서 표기한 용어로 보아야 한다. 다시 말해, 옛 진국의 주민인 진나라 출신 망명자 집단이 한국으로 오자 훗날 '마한'으로 불리게 된 한국이 동쪽 지역을 나누어 주었다는 의미로 읽어야옳다. 이렇게 해서 삼한 중 먼저 이한二韓, 즉 마한과 진한이 성립되었다고 볼 수 있다.[40]

이 중 마한의 주민 계통은 "그[마한의] 백성은 토착민이었다[其民土

著].”라는《삼국지》〈한전〉의 기록대로 선주 토착민이었다. 이 "기민
토저其民土著" 중 토저土著의 의미와 관련해 "그[마한] 사람들은 토착인
이었다[其人土着].”라는《한원翰苑》*에 인용된《위략》의 기사를 참고할
만하다.《삼국지》〈한전〉이 앞서 편찬된《위략》의 "기인토착其人土着"
을 "기민토저其民土著"로 변형해 서술했다고 보면, '토저'는 명백하게
'토착(인)土着(人)'을 뜻하는 용어가 된다.

대체로 〈동이전〉은 토착민(인)에 관해 서술할 때는 그 기원을 직접
표기하고 있지 않다. 이런 나름의 서술 원칙은 〈동이전〉을 비롯하여
외국을 다루는 외국 열전에서 관철되고 있다. '기민토저其民土著'라는
서술은 유독《삼국지》〈동이전〉 중 〈한전〉과 〈부여전〉에만 나온다.
〈한전〉처럼 〈부여전〉에서도 '기민토저'는 "그 나라의 노인들은 자기
네가 옛날의 망명인[古之亡人]이라고 말한다.”라는 기록에서처럼 '고
지망인古之亡人'과 함께 등장한다. 이처럼《삼국지》〈동이전〉은 '고지
망인'이 있을 경우만 그 대칭으로 '기민토저'를 쓰고 있는 듯하다. 따
라서 망명인의 후예인 진한의 구성원과 달리 마한의 주민 계통은 원
주민이므로 '기민토저'라는 표현을 사용했다고 할 수 있다.[41]

진·변한의 구성원은 중국계 이민자

마한의 구성원과는 달리, 진한의 주민 계통은 진秦 출신 이민자였다.
이런 사정은 "진한은 그 노인들이 스스로 말하되, '진의 망명인으로

고역을 피하여 한국에 왔다. 마한이 그들의 동쪽 지역을 분할하여 우리에게 주었다'고 한다."라는 《후한서》〈한전〉의 기록에서도 확인할 수 있다. 이처럼 진의 유민은 진 시황의 폭정을 피해 고조선 지역으로 이주해 와 정주했고, 한사군이 설치된 뒤 낙랑군의 영역 밖으로 도피했다가 최종적으로 한반도 남부, 구체적으로 영남 일원에 정착했다.

진한辰韓의 주민이 진나라 출신의 망명자로 구성되었다는 단서는 《삼국사기》의 초반부 서술에서도 찾아볼 수 있다. "중국 사람들 중 진나라의 난리를 견디지 못하고 동쪽으로 온 자가 많았는데, 마한의 동쪽에 많이 살면서 진한과 섞여 살았다[雜居]."《삼국사기》, 신라본기 1, 시조 혁거세거서간赫居世居西干)라는 기사가 그것이다. 다만 인용문의 진한은 경주 지역의 사로국斯盧國을 가리키고 있지만, 신라 초기에 사로국은 진한 중 한 국가였을 뿐이지 그 자체가 진한은 아니었다.

진 시황(기원전 246~210)은 6국[齊·楚·燕·韓·趙·魏]을 차례로 정복해 기원전 221년에 중원을 통일했다. 이것이 바로 중국 역사상 최초의 통일 제국帝國인 진의 출현이었다. 중원 통일 후 진 시황은 대대적인 토목 사업을 벌였다. 예컨대 그는 지방 통치와 신속한 군사작전을 위해 수도 함양에서 연제燕齊와 오초吳楚에 이르기까지 폭 50보步의

---

* 660년(당 고종 5) 이전에 장초금張楚金이 서술하고, 송 왕조의 옹공예雍公叡가 주석을 붙인 백과사전류로, 원래 30권으로 추정되지만 현재는 번이부蕃夷部 1권만 일본 후쿠오카현 다자이후太宰府의 덴만구天滿宮에 남아 있다.

도로를 닦았으며, 임조臨洮에서 요동에 이르는 장장 1만여 리에 달하는 만리장성을 쌓았다. 이런 무리한 토목 공사를 비롯한 진 시황의 폭정은 많은 유민을 발생시켰다. 유민 가운데 일부는 진의 국경 밖으로 도망쳤다. 이들 망명자 중에 한반도로 유입된 부류도 있었다. 이들 중 후에 한반도 남부로 이주한 진 망명자들이 주축이 되어 진한 12개국을 세웠다. 이처럼, 진한의 주민 계통은 토착민도 아니며 학계의 일각에서 주장하고 있는 북방계 이주민도 아닌 진 출신의 이민자였다.

진한의 언어를 통해서도 진한의 구성원이 토착인인 마한 사람과 다른 진의 유민임을 확인할 수 있다. "그들의 언어는 마한과 달라서 나라[國]를 방邦이라고 하고, 활[弓]을 호弧라고 하며, 도적[賊]을 구寇라고 하고, 술잔 돌리기[行酒]를 행상行觴이라 하며, 서로 부르는 것을 모두 도徒라고 하여 진나라 사람들과 유사하다."라는 《삼국지》〈한전〉의 기록이 이를 입증한다. 심지어 《삼국지》〈한전〉은 "지금도 진한을 진한秦韓이라고 부르는 사람도 있다."라고 기록하고 있다. 《삼국지》 편찬 연대(3세기)는 진 왕조가 멸망한 지 무려 5세기가량이 지난 후인데도, 진한 사람 가운데 일부는 '진한辰韓'을 아예 진나라 사람의 한, 즉 '진한秦韓'이라고 부른다는 얘기다. 자신들의 선조가 중국의 진秦 출신이기 때문이다.

사실 당시의 풍습을 묘사한 "그곳에는 성곽이 있다."라는 기록을 제외하면, 《삼국지》〈한전〉의 '진한'조는 모두 진한의 기원에 관한 정

고대, 한반도로 온 사람들

보로 채워져 있다. 반면,《삼국지》〈부여전〉은 부여의 기원에 관해 "그 나라의 노인들은 스스로 옛날의 망명인이라고 말한다."라고 아주 간략하게 서술할 뿐이다. 진한과 달리 부여인은 중국계 망명자가 아니기 때문이다.

《삼국지》〈한전〉의 '진한'조에서는 진한의 기원이 '고지망인古之亡人'이라고 분명하게 기록하며, 그 언어가 마한과 다르고 진나라의 언어와 유사함을 여러 용례를 들어가며 밝히고난 뒤 "낙랑인樂浪人을 아잔阿殘이라고 했는데, 동방東方 사람들은 나[我]라는 말을 아阿라고 했으니 낙랑인은 본디 그중에 남아 있는 사람[아잔]이라는 뜻이다."라고 기술하고 있다(낙랑인 관련 문제는 뒤에서 밝히겠다). "진한은 처음에는 여섯 나라였다가[始有六國], 차츰 12국으로 나뉘어졌다[稍分爲十二國]."라는 '진한'조의 마지막 구절도 진한의 기원을 강조한 기록으로 볼 수도 있다. 변진, 즉 '변한'조의 첫 구절에는 "변진도 12국으로 되어 있다[弁辰亦十二國]."라고만 되어 있다. 이에 비춰보면, '진한은 12국이다[辰韓十二國].'라고 해도 될 표현을 굳이 '시유육국始有六國', '초분위稍分爲' 등으로 표현한 데는 특별한 이유가 있다는 말이다. 이처럼 진한의 기원만 유별나게 자세한 내용을 거듭해 부연 설명한 이유는《삼국지》편찬자의 중화주의 시각이 작동한 결과로 볼 수밖에 없다. 바로 진한 사람들의 선조가 중국 출신이기 때문이다.

《삼국지》〈한전〉은 진한이나 마한과는 달리 유독 변진弁辰, 즉 변한의 주민 계통에 관해서는 직접 서술하고 있지 않다. 다만, 진한은 물론이고 변한의 구성원이 외지에서 이주해 온 사람들이라는 사실은《삼국지》〈한전〉에 인용된《위략》의 기록에서 확인할 수 있다. 《삼국지》〈한전〉은 "변진한 24개국 가운데 12국은 진 왕辰王에 신속臣屬되어 있다. 진 왕은 항상 마한 사람으로 왕을 삼아 대대로 세습했으며, 진 왕이 자립하여 왕이 되지는 못했다."라고 서술하고 있다. 이어 그 이유를 "그들은 유이민[流移之人]이 분명하기 때문에 마한의 통제를 받는다."라는《위략》의 기록을 인용해 설명한다. 인용문 속 12국이 변한으로, 변한 사람들이 스스로 왕이 되지 못하고 마한의 승인을 받아 마한인만을 왕으로 옹립할 수 있었던 이유는 그들이 외지에서 옮겨 온 사람들이기 때문이라는 설명이다. 따라서 변한의 주민계통도 진한과 마찬가지로 원주민이 아니라 이주민임을 알 수 있다.

《삼국지》편찬자가 변한의 기원에 관해 기술하지 않은 이유를《삼국지》〈한전〉의 편찬 체제에서도 유추할 수 있다. 대략《삼국지》〈한전〉은 '마한'조와 '변진한'조가 대응하는 체제를 보이고 있으며, '변진한'조는 진한-변진한-변한 기사로 구성되어 있다. 구체적으로 보면, '변진한'조는 변·진한, 곧 변한과 진한에 관한 기록인데, 진한에 대한 기록인 '진한'기사가 앞에 배치되어 있고, 변한에 관한 내용은 변진한 기사에 부기된 형식으로 서술되어 있다. 다시 말해,《삼국지》〈한전〉은 진한 및 변한에 관해 '진한'조와 '변한'조로 나누되, '진한'조에서는 진한의 기원만, 이어 '변한'조의 앞부분에서는 변진한의 공통된 정보에 관해, '변한'조의 뒷부분에서는 변한에 관해 서술하는

고대, 한반도로 온 사람들

방식을 취하고 있다. 이런 《삼국지》 편찬 체제로 보아, 그 편찬자는 진한과 변한의 구성원 기원이 동일한 계통, 즉 진나라의 유이민으로 파악했기 때문에, '변한'조에서 굳이 변한의 기원을 따로 서술할 필요가 없었다고 할 수 있다.

《삼국지》〈한전〉은 "변진은 진한 사람들과 뒤섞여 살고 있고 성곽城郭도 있다. 의복과 주택은 진한과 같으며, 언어와 법속法俗도 서로 비슷하다."라고 기록하고 있다. 진한인과 변한인은 별다른 분쟁이 없이 서로 경계를 두지 않고 뒤섞여 살았을 정도로 그 인종적 친근성이 깊었다는 얘기다. 따라서 두 집단은 동일한 계통으로 간주해도 크게 무리가 없다.

《삼국지》〈한전〉은 선주 토착민 계통인 마한 사람과 진秦나라 유민의 후예인 변진한 사람 간의 생활 방식 등 문화 차이를 여러 사례를 들어가며 기술하고 있다. 일례로, 마한의 집 구조에 관해 "초가草家에 토실土室을 만들어 사는데, 그 모양이 마치 무덤과 같으며, 그 문은 윗부분에 있다."라고 설명한다. 마한의 이런 주택과 달리 변진한의 집 구조에 관해서는 《위략》의 기록을 인용해 "그 나라는 주택을 지을 때에 나무토막을 가로로 쌓아서 만들기 때문에 감옥과 흡사하다."라고 설명한다. 또, 마한에는 성이 없는 반면, 진한과 변한에는 성곽이 있다고 서술하고 있다. 뿐만 아니라, 마한에는 소와 말을 타는 풍속이 없는 반면, 변진한 사람들은 소와 말을 탈 줄 알며, 마한인은 상투 모양으로 머리를 올렸지만 변한인은 두발을 손질하지 않은

경주 교동에서 발굴된 진한 시대의 목곽묘. 출처: 《경주 교동 94-3 일원 유적 — 천원마을 진입로 확·포장 공사부지 발굴조사 보고서》, (재)신라문화유산연구원, 2016, 7쪽.

고대, 한반도로 온 사람들

채 장발로 다닌다고 적고 있다. 또한, 변진한 사람은 마한인과 달리 아이가 태어나면 곧바로 돌로 머리를 눌러 납작하게 만드는 편두扁頭 풍속이 있었다고 전한다. 실제로 경남 김해 예안리 고분에서 편두 두개골이 발견된 사례가 있다. 모두 마한과 변진한의 차이, 진한과 변한의 공통점을 강조한 내용이다.

《삼국지》〈한전〉은 "마한의 장례에는 관棺은 있으나 곽槨은 사용하지 않는다."라고 마한과 변진한의 장례 및 매장 방식의 차이에 관해서도 서술했다. 〈한전〉은 변진한의 무덤에 관한 정보를 전하지는 않았지만, 이 기록에는 변진한 사람들이 장례 때 관만이 아니라 곽도 사용했다는 의미가 내포되어 있다. 다만, 〈한전〉은 '변진한'조에서 "큰 새의 깃털을 사용하여 장사를 지내는데, 그것은 죽은 사람이 새처럼 날아다니라는 뜻이다."라고 밝혔는데, 이 내용이 '마한'조에는 나오지 않는다.

아울러 《삼국지》〈한전〉은 마한과 변진한의 법과 풍속 차이를 밝히고 있다. 예컨대 "마한의 풍속은 기강이 낮다." "온 집안 식구가 움집 안에서 함께 살기 때문에 장유長幼와 남녀의 분별이 없다." 등의 정보를, "[변한의] 법규와 관습은 특히 엄준하다." "[변진한의] 혼인하는 예속禮俗은 남녀의 분별이 있다." 등의 정보와 대비시키고 있다.

물론 마한 제국諸國 사이에도 문화의 차이가 있었다. 이런 사정은 "북방의 군郡 가까운 지역의 제국은 그런대로 약간의 예속이 있지만, 멀리 떨어져 있는 지역은 흡사 죄수와 노예가 모여 사는 곳과 같다."

라는 〈한전〉의 기록이 뒷받침해준다. 중국의 군현, 즉 낙랑군에 인접한 마한의 여러 나라는 멀리 떨어진 남방의 마한 제국에 비해 낙랑군의 문화를 받아들였음을 알 수 있다.

이처럼 《삼국지》〈한전〉의 정보는 대체로 마한을 문화 측면에서는 변진한에 비해 후진적인 상태로 기술하고 있다. 그 예의 하나가 방직 기술이다. 〈한전〉은 마한인이 "양잠養蠶을 해서 면포緜布를 만들 줄 알았다."라고 전한다. 면포는 누에실로 짠 옷감이다. 반면, 변진한인에 관해서는 "양잠에 밝고[曉] 겸포縑布를 만든다."라고 기록했는데, '겸포'의 '겸縑'은 단순한 면縣, 즉 명주明紬가 아니라 실을 겹으로[兼] 치밀하게 짠 비단[絹]을 말한다.[42)]

이렇게 마한과 변진한의 주민 계통이 다른 만큼 그들 사이에는 생활 방식 등 문화상의 차이가 존재했다. 따라서 진한의 구성원이 진나라 출신의 망명자라고 분명하게 서술한 《삼국지》〈한전〉의 기록을 부정한 채 삼한의 주민 계통이 모두 원주민이라는 주장이나, 마한의 구성원은 토착민이지만 변진한의 구성원은 북방계 이주민의 후예라는 견해는 모두 비학문적인 자국사自國史 중심주의적 편견에서 비롯되었다는 비판에 직면할 수밖에 없다.

변진한 사람들이 한반도 남부에 정착함에 따라, 그들과 마한 간의 문화 교류도 점차 이루어졌다. "마한의 나라 안에 무슨 일이 있거나 관청에서 성곽을 쌓게 되면……"이라는 《삼국지》〈한전〉의 기록대로, 마한은 진한과 변한의 성 축조 기술을 수용했다. 변진한의 "병장

고대, 한반도로 온 사람들

기兵仗器는 마한과 같다."라는 〈한전〉의 기록도 양자 간의 교류를 반영한 것으로 판단된다.

정착 농경민답게 삼한이 공유하는 문화도 당연히 있었다. 예컨대 《삼국지》〈한전〉은 "5월 씨뿌리기가 끝나면 떼를 지어 노래와 춤을 즐기며 술 마시고 노는데 밤낮을 가리지 않는다." "10월 수확을 마치고 나서 다시 이렇게 한다."라고 마한의 축제 장면을 묘사한다. 또한, 변진한 주민에 관해서도 "그들의 풍습은 노래하고 춤추며 술 마시기를 좋아한다."라고 전한다.

진나라 유민의 남하

진나라 출신의 망명자들이 진의 영토를 벗어난 뒤 곧바로 한반도의 영남 일대로 이주했을 리는 없다. "진한은 옛 진국이다."라는 《삼국지》〈한전〉의 기록은, 진국辰國이 애초 한韓의 영역 안에 위치하지 않았을 가능성을 내포하고 있다. 처음부터 진국이 한 지역에 있었다면 계속해서 진국이라고 하지, 굳이 정치체의 이름을 진한으로 바꿀 필요가 없었을 것이기 때문이다. 특히 "낙랑인을 아잔阿殘이라고 했는데, 동방 사람들[東方人]은 나我라는 말을 아阿라고 했으니 낙랑인은 본디 그[동방인] 가운데 남아 있는 사람이라는 뜻이다."라는 《삼국지》〈한전〉의 기록을 볼 때, 동방인, 즉 진한인은 본래 낙랑군 관할 지역에 정착했다. 한韓 지역으로 이주하지 않고 옛 터전에 잔존한 사람들이 있었기에 진한 사람들이 그들을 낙랑인이라고 부른 것으로 짐작할 수 있다. 다시 말해, 진한 사람들 역시 본래 낙랑군에 정착했다는 뜻이다.

《삼국지》에 인용된 《위략》 기사 중에 "우거왕이 격파되기 전에 조선상 역계경이 간언했으나, 그의 말을 듣지 않자 동쪽의 진국으로 갔다."라는 기록이 있다. 이 정보에 따르면, 위만조선의 마지막 왕인 우거왕 당시(기원전 2세기 말) 진국의 위치는 위만조선의 인근 지역이었다. "진번과 옆 진국[眞番旁辰國]이 글을 올려 천자天子를 알현하고자 했지만 조선이 가로막고 가지 못하게 했다."라는 《사기》 〈조선열전〉의 기록 또한 이런 사정을 뒷받침해준다. 동일한 정보가 서기 1세기에 편찬된 《한서》 〈조선전〉에도 나온다. "진번과 진국[眞番辰國]이 글을 올려 천자를 알현하고자 했지만 조선이 가로막고 가지 못하게 했다."라는 기록이 그것이다. 나중에 한 무제가 진번 지역에 설치한 진번군의 위치가 황해도 일대였으니, 우거왕 시절까지만 해도 진국辰國이 진번 주변인 위만조선의 남쪽에 위치했다고 보아도 그리 문제가 되지는 않는다.

진국이 기원전 2세기에는 위만조선의 남쪽 지역에 있었다면, 삼한이 대방군의 남쪽에 있다고 전제한 뒤 "마한은 삼한 중에서 서쪽에 위치하였으며, 진한은 마한의 동쪽에 있었다."라고 한 《삼국지》 〈한전〉의 기록과는 배치된다. 이 기록에 따르면, 진한의 위치는 오늘날의 영남 일대로 볼 수밖에 없기 때문이다. 그렇다면, 진국과 그 후예인 진한이 고조선의 주변 지역에 위치했다가 영남 일원에 최종 정착했다고 보아야 한다. 이런 정황은 "낙랑군이 본래 한국韓國을 통치했다는 이유로 진한의 8국을 분할해 낙랑에 편입시키려 했다."라는 《삼국지》〈한전〉의 기록에서도 확인할 수 있다. 곧 살펴보겠지만, 이 사건은 대방군이 설치된 이후(196~220)에 일어난 일로, 이때만 해도 진한의 주력은 낙랑군의 통치력이 미칠 수 있는 한반도 중부에 위치했다고 보아야 한다. 만약 진한이 낙랑군에서 멀리 떨어진 영남 일원에 있었다면 진한의 8국을 낙랑군에 편입시키려는 시도나 책동이 가능할 리 없기 때문이다. 당시 중원에서는 3국이 각축 중에 있었으니, 위나라가 공세적인 대對한반도 정책을 펼칠 상황도 아니었다.

애초에 진한 역시 낙랑군, 즉 위만조선의 인근 지역에 위치했을 가능성은 《삼국지》〈한전〉에 인용된 《위략》의 '염사치 고사'에서 찾아볼 수 있다. 이 고사에 의하면, 진한의 우거수右渠帥(군장) 염사치는 서기 20~22년경 낙랑군으로 망명하던 도중 한인漢人 호래戶來를 만나 그를 비롯한 중국인 벌목공 1,500여 명이 진한의 포로가 되었다는 말을 듣고 낙랑군에 보고했다. 이 정보를 입수한 "낙랑군은 염사치를 통역으로 삼아 금중항芩中港에서 큰 배를 타고 진한에 들어가서 호래 등을 맞이하여 데려왔다."라는 이야기다. 이 내용에 의하면, 당시 진한의 위치가 영남 일대에 한정되어 있었다고 볼 수는 없다.

단 한 명의 탈주자도 없이 일망타진하듯이 벌목공 1,500여 명을 포로로 잡거나 살해할 정도이니, 진한은 상당한 군사력을 갖춘 정치체였다고 볼 수 있다. 만약 탈출한 벌목공이 있었다면 송환 작전이 진작 수행되었을 테니 말이다.

그런 정도의 세력을 가진 진한을 압도할 만한 군대를 동원하자면 낙랑군 휘하의 일개 현이나 몇 개의 현으로는 감당하기에 무리였을 테다. 기록에서 보듯이, 대동강 하구에 위치한 금중항에서 대규모 선단을 동원할 정도의 포로 송환 작전이라면 낙랑태수가 친히 지휘했으리라 볼 수밖에 없다. 만약 진한이 당시 영남 일대에 위치했다면, 이 포로 송환 작전에는 대규모의 병력과 선박은 물론, 긴 여정을 버티기 위한 식량 등의 자원이 엄청나게 필요했을 것이다. 그러나 낙랑군으로서는 1,000명의 포로를 송환하기 위해 굳이 그런 엄청난 재원을 투입하면서 장거리 원정, 그것도 해상 작전을 추진할 만한 이유가 없었다. 그렇다면, 당시 진한은 낙랑군의 인근에 위치했다고 볼 수밖에 없다. "너희는 [사망한] 500명을 돌려보내라. 만약 그렇게 하지 않으면 낙랑군이 1만 명의 군사를 파견해 배를 타고 와서 너희를 공격할 것이다."라는 염사치의 엄포성 발언 역시 당시 진한의 위치가 낙랑군과 인접해 있었음을 보여준다.

당시 중국[낙랑군] 목재업자들은 진한의 공격을 받아 포로로 잡히거나 생명마저 잃을 수 있는 위험을 무릅쓰고 진한의 영역에서 벌목 사업을 벌였다. 실제 공방전 와중에 벌목공 1,500명 중 500명은 목숨을 빼앗겼다. 물론 낙랑군은 사망자에 대한 막대한 보상을 받아냈지만 말이다. 낙랑군의 인근 지역인 한강 유역에서도 목숨을 내놓고

고대, 한반도로 온 사람들

벌목 작업을 해야 했는데, 한반도에서의 벌목 사업이 아무리 큰 수익을 보장해주었다 해도 낙랑군의 영향력이 거의 미치지 못할 만큼 멀리 떨어진 영남 일대까지 가서 벌목을 하지는 않았다고 보아야 한다. 이 같은 위험을 차치하고라도, 운송비 부담을 감안한다면 과연 영남 지역에서 벌목 사업을 추진할 수 있었겠는가.

이런 근거를 통해, 진한의 영역을 처음부터 소백산맥 이남으로 고정할 수는 없고, 시기가 이를수록 그 북쪽에 위치해 있었으며, 1세기 전반기에는 진한이 소백산맥 이북의 한강 중상류 지역에 있었다고 보아야만 염사치 고사 역시 비로소 자연스럽게 이해될 수 있다. 아울러, 진한의 전신인 진국의 위치도 한강을 중심에 둔 한반도 중부 지역에서 찾아야 한다는 주장도 나왔다.[43] 그렇다면 염사치 고사는 진한이 영남 일대에 최종 정착하기 전, 즉 남하南下 도중에 있던 진한이 한[마한]의 북쪽 지역에 진입한 상황을 반영하고 있다고 볼 수 있다.

위만조선 인근에 위치했던 진국이나 그 후예인 진한의 남하는 정치적 급변의 여파에서 비롯되었다고도 볼 수 있다. 바로 기원전 108년 위만조선의 멸망과 그에 따른 유민의 대규모 발생 말이다. 사실 조선 및 주변 사회는 한 무제의 공격이 임박하기 이전부터 이미 동요하기 시작했다. 조선상 역계경이 위만조선의 멸망 직전에 무려 2,000호를 거느리고 진국으로 남하한 사건이 그 단적인 사례다. 이 사건은 진국에도 파동을 일으켰을 테다. 이어 위만조선의 멸망과 한사군의 설치는 조선은 물론, 주변 지역에도 크나큰 파장을 불러일으켰다.

진국 옆의 옛 진번 지역에 진번군이 설치되면서, 진국의 주력은 남하를 단행할 수밖에 없었다. 그런 사태가 일어나지 않았다면, 위만 조선 인근 지역에 정착한 진나라 출신 진국의 구성원이 100여 년 동안 가꾸어온 터전을 버리고 다시 이주할 일은 없었을 테니 말이다. 물론 옛 터전에는 훗날 낙랑인이라고 불리는 진국의 구성원 일부가 여전히 남아 있었다. 다만, 진국의 주민이 곧바로 최종 정착지인 영남 일대로 이주했다고는 볼 수 없다. 앞의 염사치 고사가 의미하는 대로, 진국의 후예인 진한의 주력은 서기 20~22년까지만 해도 한[마한]의 북변北邊 지역인 한강 중상류 일대에 위치해 있었다.

진나라 출신 망명자들의 안식처는 한반도 중부 지방도 아니었다. 진국의 후예이자 진한의 주력이 되는 이들은 최종적으로 영남 일대에 정착했다. 이로써 그들의 기나긴 여정도 끝나게 된다. 마지막 여정의 계기는 무엇이었을까? 그 단서 역시 염사치 고사에서 찾아볼 수 있다. 협상 당시 포로 1,500명 중 사망자 500명을 제외한 1,000명만 돌려받겠다는 염사치의 보상 요구를 받은 진한은 "진한 사람 1만 5,000명과 변한포弁韓布 1만 5,000필을 내놓았다. 염사치는 그것을 거두어 곧장 돌아갔다"(《삼국지》, 〈한전〉). 중국인 벌목공이 진한의 영역 안에서 불법 행위를 일삼았지만 낙랑군은 오히려 막대한 보상금을 챙겼다. 진한은 약소국이기 때문에 일방적인 희생을 강요받았다. 이렇듯 자신의 터전에서 벌어진 강도 같은 행위, 보상금 부담 등을 경험한 진한 구성원 중 일부가 새 터전을 찾아 떠났을 가능성이 있다.

고대, 한반도로 온 사람들

한사군이 설치된 뒤, 주변의 정치체에 대한 이런 행위와 침략은 지속적으로 이루어졌다. 《삼국지》〈한전〉에 나오는 다음 기록은 그 대표적인 사례다.

낙랑군이 본래 한국을 통치했다는 이유로 진한의 8국을 분할하여 낙랑에 편입시키려 했다. …… 한인韓人들이 모두 격분하여 대방군의 기리영기[離營]를 공격했다. 이때 대방태수 궁준弓遵과 낙랑태수 유무劉茂가 군사를 일으켜 이들을 정벌했다. 궁준은 전사했으나 두 군은 마침내 한韓을 멸했다.

기록은 낙랑과 대방 두 군의 공격을 받고 나서 한韓이 멸망했다고 했지만, 한의 일부 지역만 차지했다고 보아야 한다. 그 점령 지역도 진한 8국을 명시하고 있는 것으로 보아, 최종 정착지가 아닌 진한의 이전 영역으로 보인다. 두 군의 한 지역 침략은 대방군이 설치된 뒤, 즉 3세기 초 이후에 일어났다. 이 사건을 계기로 한강 중상류 유역에 정착했던 진한의 나머지 주민도 영남 일원으로 이주했을 가능성이 크다.

물론, 포로로 잡혔든 자의로 남았든, 진한인 중 일부는 두 군의 지배력이 미치는 지역에 그대로 머물러 있었다. 훗날 진한 사람들이 낙랑인이라고 부른 부류가 이들인데, 이 낙랑인 역시 진한의 후예인 신라로 망명해 왔다. 이 최후의 이주는 고구려가 4세기 초 낙랑군과

정백동 138호분. 관과 곽의 머리 쪽 사이 공간에 부장품을 넣는다. 출처: 리순진·김재용, 《락랑구역일대의 고분발굴보고》, 5쪽.

고대, 한반도로 온 사람들

대방군을 점령할 때 일어났다. 당시의 망명 상황은 "기림이사금基臨尼斯今 3년 봄 3월, 우두주牛頭州에 이르러 태백산에 망제望祭를 지냈다. 낙랑과 대방 양 국[군]이 귀순해 왔다."라는 《삼국사기》 신라본기의 기록에서 확인할 수 있다. 진한의 잔존 세력인 낙랑인을 포함해 두 군의 구성원 상당수가 이때의 귀순 대열에 합류했다.

이보다 앞선 시기에도 낙랑군의 주민은 대거 한韓의 영역으로 이주했다. "환제·영제(147~189) 말기에 한韓과 예濊가 강성하여 한漢의 군현이 제대로 통제하지 못하니 군현의 많은 백성이 한국韓國으로 흘러들어갔다《삼국지》, 〈한전〉)."라는 기록이 이런 정황을 시사하고 있다. 문헌 자료에는 한 차례만 나오지만, 한漢 군현의 구성원은 자이든 타이든 간혹 한의 판도로 이주해 왔다고 보인다. 한 군현이 존속했을 때에도 한韓으로 이주한 수가 많았다고 하니, 낙랑군과 대방군이 고구려에 점령당한 후 발생한 유민의 규모는 짐작할 만하다. 이로써 진국의 후예를 비롯한 낙랑군 주민의 이주 여정은 사실상 마무리되었다고 판단된다. 물론 고구려 영토에 그대로 머물러 있거나 백제 쪽으로 이주한 부류도 당연히 있었다.

영남 지방에 정착한 이주민이 주로 중국계였다는 정황은 고고학 자료에서도 엿볼 수 있다. 그 결정적인 자료가 목곽묘木槨墓다. 1장에서 언급한 대로, 목곽 무덤은 한반도 서북 지방에서는 늦어도 기원전 2세기부터 조성되기 시작해 서기 전후까지 존속했다. 목곽묘에서는 주로 세형동검細形銅劍, 세문경細文鏡(잔무늬거울) 등 청동기 관련

청주 신봉동의 목곽묘.

고대, 한반도로 온 사람들

유물이 부장품으로 출토되었다.[44] 이들 부장품은 관과 곽의 머리 쪽 사이 공간이나 관 안에 배치되었다.

이 목곽묘가, 경상도 일대에서는 서기 2세기부터 조성되기 시작 해 6세기까지 존속했다. 반면, 지리적으로 서북 지역과 가까운 중부 지역에서는 4세기에 와서야 목곽묘가 조성되기 시작했다. 대표적 인 유적으로는 천안 화성리 고분군을 들 수 있다. 국립공주박물관이 1991년 7월 24일부터 8월 25일까지 31일에 걸쳐 화성리 고분군을 발굴했는데, 9기의 무덤이 조사 보고되었다. 이들 무덤 중 7기가 목 관묘이고 2기가 목곽묘다. 목관묘든 목곽묘든, 이 유적의 무덤 모두 가 4세기 중·후반에 축조되었다고 보고되었다. 목곽묘는 이 밖에도 중부 지방에서는 청주 신봉동 고분군, 진천 송두리 유적에서 각각 1 기가 조사되었으며,[45] 최근 김포 운양동 유적에서도 총 35기 중 목 곽묘 1기가 발굴 보고되었다.[46]

한반도의 서북 지역에서 중국의 영향으로 처음 출현한 목곽묘가, 지리적으로 가까운 중부 지역보다 영남 지역에서 먼저 조성되기 시 작한 현상을 어떻게 이해해야 할까? 고고학계의 상식대로 무덤 양 식[墓制]은 매우 보수적이다. 사람들은 기존의 무덤 양식을 고수하려 는 경향이 매우 강하기 때문에 새로운 묘제를 쉽게 채용하지 않는 다. 결론부터 말하면, 서북 지방에서 목곽묘를 조성했던 집단이 영남 일원으로 이주한 뒤 이곳에서도 목곽 무덤을 축조했다고 보아야 한 다. 만약 서북 지역의 목곽묘를 모방·채용했다면 지리적으로 가까운 중부 지역에서 먼저 출현했을 확률이 아주 높기 때문이다.

영남 지역의 목곽 무덤은 1976년 김해 예안리 고분군을 발굴 조사하는 과정에서 그 존재가 처음 알려졌다. 현재까지 조사·보고된 영남 지역의 목곽묘 유적은 김해 양동리 고분군, 경주 황성동 고분군, 포항 왕성리 고분군, 울산 하대下垈 고분군 등이다.

이 중 경주 지역은 삼한 시대 사로국(신라의 모태)이 위치한 중심지였다. 현재 황성동 고분군을 비롯하여 경주 일대에서 목곽묘가 발굴·조사된 유적은 황오동 고분군, 인왕동 고분군, 월성로 고분군, 사방리 고분군, 구정동 고분군, 죽동리 고분군, 구어리 고분군, 봉길리 고분군, 하서리 고분군, 조양동 유적 등 25곳에 이른다. 이들 유적 중 황성동 고분군과 조양동 유적이 가장 이른 시기에 만들어진 무덤인데, 조양동 160호분, 황성 동대 28호분 등이 서기 2세기 후엽에 조성되었다.[47]

김해 지역은 가야 연맹의 주도국인 금관가야가 자리했던 중심지 중 하나다. 현재 김해 지역에서 목곽묘가 발굴 조사된 대표적인 유적으로는 양동리 고분군을 비롯하여 대동성 고분군, 구지로 고분군, 철산동 고분군, 예안리 고분군, 죽곡리 고분군, 화정 고분군 등을 들 수 있다. 이들 유적에서는 조사 당시 비교적 잔존 상태가 양호한 목곽묘 175기가 발굴되었다. 이 중 양동리 및 구지로 고분군에서는 목곽묘가 기원 2세기 중엽부터 조성되기 시작했다.[48]

현재 고고학계의 연구 성과에 따르면, 영남 지역의 목곽묘는 중부

고대, 한반도로 온 사람들

지역보다 훨씬 이른 서기 2세기 무렵부터 조성되기 시작했다고 볼 수 있다. 그런데 낙동강 유역의 고고학 편년 기준은 일본 고고학계의 편년을 참고로 설정되었기 때문에, 시기를 너무 내려 보고 있지 않느냐는 의문을 제기하는 견해도 있다. 오히려 일본 학계는 최근 고고학 자료의 편년을 전반적으로 100년 정도 올려 보는 경향이 있다.[49] 따라서 영남 지역의 목곽묘는 빠르면 서기 1세기부터 축조되었다고 보아도 그다지 문제가 되지는 않을 듯하다.

목곽 무덤이 영남 지역에 출현한 시기는, 앞서 살펴본 대로 한 무제가 위만조선을 점령한 뒤 위만조선 출신의 진나라 유민 상당수가 남하하기 시작한 무렵과 거의 일치한다. 한마디로, 진나라 유민이 영남 일대에 정착한 뒤 이곳에도 자신들의 고유한 무덤 양식인 목곽묘를 조성했다고 보아야 한다. 더구나 중부 지역에서는 기껏해야 한 유적에서 목곽묘 몇 기가 발굴되고 있지만 영남 지역에서는 대체로 유적 단위로 목곽묘가 조성되었는데, 이런 현상은 목곽묘 주인공의 집단 이주를 상정하지 않고는 설명하기 어렵다.

삼한의 형성

《삼국지》〈한전〉은 선주 토착민의 정치체를 '한국韓國', 유이민의 정치체인 진한의 전신을 '진국辰國'으로 전하고 있다. 이 정보에 따르면, '한국'과 '진국'은 별개의 정치체임이 분명하다. '삼한'이라는 개

넘은 양자, 즉 '한(國)'과 '진(國)'에서 비롯되었다고 볼 수도 있다. 위만조선의 조선상 역계경의 망명지인 진국은 조선의 인근 지역에 위치해 있었기에, 진국은 한韓의 영역 '밖'에 존재하고 있었다고 파악된다. 그러나 염사치 고사 당시 진국이라고 불린 진한의 주력은 한의 판도 '안'에 위치해 있었다. 이런 변화는, 진국의 구성원이 한 지역으로 이주한 뒤 먼저 이한二韓, 즉 진한과 마한이 성립된 정황을 반영한다. 여기까지는 앞서 살펴본 대로다.

아마도 '진(國)'의 구성원이 '한(國)'의 지역으로 남하한 뒤 '진'과 '한'을 함께 부르는 의미로 '진한'의 개념이 먼저 형성되었을 가능성이 크다. 이렇게 진한이라는 정치체가 출현한 뒤 마한의 개념도 자연스럽게 파생되었을 확률이 높다. 삼한 중 이한이 먼저 출현했다. 그러고나서 진한에서 '변진' 개념이 분화 생성된 뒤 변진, 즉 변한이 형성되었다고 볼 수도 있다. 실제 《한원》에 인용된 《위략》 원문에는 '변진'이라는 용어는 보이지 않으며, 마한 이외의 정보는 진한 관련 기록으로 전하고 있다. 그러다가 《삼국지》에 와서 변진 관련 기록이 등장한다. 따라서 《삼국지》〈한전〉이 《위략》 원문의 진한 관련 기사를 변진한과 변진(변한) 기록으로 분리 구분해 기재했다고 판단된다. 변진은 진한에서 분화되었다고 보는 근거다. 그렇다면 '변진'은 '변'과 '진'을 합쳐 지칭하는 정치체로 이해할 수 있다. '진한'을 '진'과 '한'을 합칭하는 정치제로 간주할 수 있는 예와 마찬가지다.[50]

변진한의 성립 과정과 관련해, "진한은 처음에는 여섯 나라였다

고대, 한반도로 온 사람들

가, 차츰 12국으로 나뉘어졌다. 변진도 12국으로 이루어졌다."라는 《삼국지》〈한전〉의 기록을 주목할 필요가 있다. 이 인용문은 "진한은 마한의 동쪽에 위치하고 있다."라고 전제한 다음 나오기 때문에, 진한의 주력이 영남 일대에 최종 정착한 시대, 즉《삼국지》편찬 당시의 상황을 반영하고 있다고 보아야 한다. 앞서 살펴본 대로, 진한의 구성원은 몇 차례에 걸쳐 영남 일대로 이주했다. 일련의 남하 과정을 걸쳐 진국의 12국이 시차를 두고 먼저 형성된 뒤, 변진(변한) 12국이 이후에 성립되었다. 이 중《삼국지》시대인 3세기 무렵까지는 대체로 독자적인 정치체로 존재했던 진한 12국은 경주 지역의 사로국에 하나씩 복속되어 하나의 왕국인 신라의 일원이 되었다. 반면, "변한 12국에도 왕이 있다."라는《삼국지》〈한전〉의 기록으로 보아, 변한 12국은《삼국지》시대는 물론이고 멸망할 때까지 각각 독립 왕국을 유지했다. 한국의 자료인《삼국유사》에 따르면, 변한 12국은 가야 6국에 해당하는데, 이들 제국諸國은 김해의 금관가야가 중심이 된 가야 연맹체를 형성했다.

한편,《삼국지》〈한전〉의 기록에 따르면, 마한은 50여 국으로 이루어진 연맹체로 볼 수 있다. 이런 연맹에는, 그것을 주도하는 정치체가 있게 마련이다. 다만, 고조선 준왕의 망명 이전 [마]한 연명체의 맹주는 알 수 없다.《삼국지》〈한전〉은 한韓 지역으로 피신해 온 준왕이 "스스로 한 왕韓王이라고 칭했다. 그 후손은 끊겼다."라고 기술하고 있다. 이 문장을 보면 준왕이 마한의 주도권을 장악했다고 보이지만, 그것이 망명 후 곧바로 이루어졌다고 볼 수는 없다. 《삼국지》 〈한전〉의 기록에 따르면 준왕이 남하할 당시 근신, 궁인 등 소수 집단만을 거느렸기 때문이다. 《삼국지》보다 1세기 이상 늦게 편찬된 《후한서》 〈한전〉은 동일한 사건을 다르게 서술하고 있다. "조선 왕 준이 위만에게 패하자, 자신의 남은 무리 수천 명을 거느리고 바다로 도망가서 마한을 공격해 쳐부수고 한 왕을 자칭했다."라고 기록한 정보가 그것이다. 과정을 생략한 채 결과만 다루는 사서 기록의 특성상, 이 내용은 한의 영역에 정착한 준왕이 위만의 방식처럼 점차 무리를 모아 마한을 장악할 만큼 세력이 되자 마한의 맹주를 몰아내고 한 왕이 된 상황을 반영한 표현으로 보인다. 조선 왕이 아니라 굳이 한 왕이라고 호칭한 연유 역시 위만이 조선이라는 국호를 그대로 사용했듯이 마한의 기존 세력과의 관계를 고려해서 취한 조치로 파악된다.[51]

"준의 후손이 멸망하자 마한 사람이 다시 자립하여 진 왕辰王이 되었다."라는 《후한서》 〈한전〉의 기록은, 준의 치세가 자신으로 끝날 정도로 그의 권력 기반이 취약했음을 보여준다. 그만큼 준왕은 기존 마한 세력을 배려하는 조치의 하나로 한 왕이라 칭할 수밖에 없었다. 그 뒤 준왕의 한 왕조를 멸망시킨 마한 출신이 진 왕에 올라 마한 연맹체를 주도하였다.

《삼국지》 〈한전〉의 기록에 따르면, 마한 연맹체의 맹주국은 목지국目支國이었다. "진 왕은 목지국을 통치한다."라는 《삼국지》 〈한전〉의 기록을 보면, 준왕의 지위를 이어받은 진 왕은 목지국의 수장이기도 했다. 맹주국이 목지국으로 바뀌고 마한 연맹체의 맹주가 변진한까지 영향력을 행사하게 되면서, 맹주의 칭호도 진 왕으로 바뀌었다고 판단된다. 이런 사정은 "변진한 24국 중 12국은 진 왕에게 신속臣屬되어 있다."라는《삼국지》〈한전〉의 기록에서 확인할 수 있다. 변진한이 마한 맹주국의 통제하에 있었다는 정황은《삼국사기》의 초반부 다음 기록에서도 찾아볼 수 있다. "마한 왕이, 진한과 변한은 나의 속국인데 근년에는 공물을 바치지 아니하니 대국 섬기는 예의가 이같으냐고 했다"《삼국사기》, 신라본기 1, 시조 혁거세거서간).

목지국 왕의 마한 연맹체 영도권은 백제의 부상과 더불어 상실되었다.《진서》에는 진 왕이라는 표현이 더 이상 나오지 않는다. 이로보아, 목지국은《진서》단계, 즉 3세기 후반에 와서 마한 연맹체의 주도권을 잃었다고 파악된다. 진한 제국諸國을 통합한 신라처럼, 마한 연맹체의 일원이었던 백제도 마한 제국諸國을 하나하나 통합했다. 학계의 통설을 받아들인다면, 마한 제국의 최종 소멸 시기는 4세기 후반이다.

진 왕은 정복 군주였을까?

에가미 나미오江上波夫는 1948년에 열린 '일본 민족과 국가의 기원에 관한 심포지엄'에서 '북방 기마민족에 의한 일본 열도 정복설'이라

는 논문을 발표했다. 일본 천황가의 기원이 하늘에서 내려온 천손天
孫이 아니라 배를 타고 바다를 건너온 기마민족이라는 그의 주장은
당시 일본을 충격과 혼란에 빠뜨렸다. 의도했는지는 모르지만 에가
미의 기마민족설은, 천손이 하늘에서 일본 열도에 내려와 나라를 세
우고 천황이 되었으며 그 혈통이 만세일계萬世一系로 전해져 오늘의
천황에게까지 연결된다는 황국사관皇國史觀을 정면으로 부정한 격이
었기 때문이다.

천황가의 뿌리가 하늘이 아니라 일본 밖, 즉 한반도를 거친 대륙
에 있었다는 에가미의 기마민족설은 일본 사회에 커다란 파문을 던
졌다. 그는 1958년에 출간한 《일본 민족의 기원日本民族の起源》에서
자신의 주장을 한층 심화하였으며, 1967년에 기마민족설의 결정판
인 《기마민족국가騎馬民族国家》를 세상에 내놓았다. 에가미의 기마민
족설을 일본 학계 내 하나의 주장으로 치부하고 무시하기에는 문제
가 그리 간단하지 않다. 한국 학계에서 일찍부터 일제 치하에서 강
요받았던 황국사관을 부정하는 경향에 편승해, 일본 천황가가 백제,
가야 등에서 기원했다는 변형된 견해가 간헐적이지만 연이어 제출
되었기 때문이다. 그러다가 1990년대 와서 기마 관련 유물이 발견
되면서 에가미의 아류인 '한국판 기마민족설'이 본격적으로 제기되
었다. 바로 '부여족 남하설'이 그 전형이다. 3세기 말 북방의 부여족
이 김해 지역을 점령해 금관가야를 건국했다는 가설이다.

에가미의 견해는 간단하다. 북방의 기마민족이 한반도를 거쳐 일

본 열도로 건너가 일본의 천황 국가를 성립한 주역이 되었다는 가설이다. 이 신비로운 기마민족은 유라시아에서 동북아시아까지 존재했던 흉노匈奴, 돌궐突厥, 선비鮮卑, 오환烏桓 등 말 타는 유목민을 가리킨다. 부여족와 고구려족도 여기에 포함된다. 이들 기마족이 중국 남북조 시대인 3~5세기에 스키타이계 기마족 문화와는 매우 다른, 또 하나의 기마족 문화를 만들었는데, 그것이 바로 호족胡族 문화와 한족漢族 문화의 혼합인 '호한 문화胡漢文化' 혹은 '중국화된 호족 문화'라는 주장이다.

에가미는 부여 및 고구려 계통에 가까운 반半수렵, 반半농업을 영위하는 북방 기마민족의 한 세력이 말을 타고 새로운 무기를 지닌 채 한반도로 내려와 마한 지역에 백제를 건국했다고 설명한다. 그는 이들의 남하 시기를 대략 3세기 중엽 이전으로 추정하고, 그 수장을 《삼국지》〈한전〉에 등장하는 진 왕辰王으로 비정한다. 이들은 다시 남하를 계속해 김해 지방에 진출하고 변한을 정복·지배했다. 임나일본부설任那日本府說에 따르면 당시 김해 지방에는 이미 왜인이 진출해 있어야 하므로, 에가미는 진 왕이 이들 왜인도 정복했다고 주장한다 (임나일본부설은 4장에서 자세히 다루겠다).

에가미의 주장을 요약하면 다음과 같다. '3세기 말에서부터 4세기 초의 동북아시아는 민족 이동에 따른 격동기였다. 만리장성 북쪽에 살던 흉노 등 다섯 호족胡族이 장성을 넘어 화북 지방을 침입하고, 고구려가 남쪽으로 진출하여 낙랑군과 대방군을 점령했다. 이에

삼한의 주민 구성

자극받은 백제와 신라도 체제를 정비하며 성장했다. 한반도의 정세가 이렇게 바뀌자 불리함을 느낀(에가미는, 백제는 진 왕이 가야로 진출한 어느 시점에 독립했다고 설명한다.) 진 왕의 기마민족은 4세기 초에 바다를 건너 왜의 본거지인 규슈 북부의 쓰쿠시筑紫 지방으로 이동해 왜인 세력을 정복했다. 이런 경로를 거쳐 이들 기마민족은 변한과 북규슈 지방을 망라하는 한·왜 연합 왕국을 수립했다. 이것이 일본의 최초 건국으로, 이때의 주인공이 《일본서기日本書紀》에 나오는 10대 천황 슈진崇神이다. 이때까지도 한·왜 연합 왕국의 중심지는 김해의 임나任那였는데, 북규슈에 진출한 세력이 다시 동쪽으로 진출해 4세기 말 무렵 기나이畿内(교토 인근) 지방에 야마토大和 정권을 수립한다. 이것이 일본의 두 번째 건국으로, 그 주인공이 16대 오우진應神 천황이다. 오우진 천황은 한·왜 연합왕국의 주도자로서 한반도에 군대를 보내 신라를 제외한 한반도 남부의 여러 나라와 연합하고 고구려의 남하에 대항하는 데 주도적인 역할을 했다.

에가미는, 5세기 들어 왜국의 왕들이 중국 송나라 황제들에게 한반도 남부의 관할권을 부여하는 칭호의 승인을 끈질기게 요청한 일도 이처럼 과거에 자신의 조상이 남한 지역을 지배한 역사적 사실이 있기 때문이라고 주장한다.

에가미의 기마민족설은 일본뿐 아니라 한국에도 큰 영향을 끼쳤다. 한국인은 일본 천황가의 뿌리가 한반도에 있었다는 사실에서 식민지 지배의 쓰라린 경험에 대한 보상감을 느끼기도 했다. 그러나

고대, 한반도로 온 사람들

에가미의 기마민족설은 일본의 한반도 침략의 역사적 전거가 되었던 임나일본부설을 부정하는 가설이 아니라 그 연장선상에 있다는 사실을 알아야 한다. 임나일본부설은 4세기 후반부터 6세기 후반까지 200여 년간 야마토 정권이 한반도 남부를 지배했다는 설이 그 요지로, 일본 관변학자들이 제국주의 시절 한반도 식민 통치의 정당성을 입증하는 역사적 전거로 이용했다.

에가미가 진 왕 정권의 근거로 들고 있는 기록은 "[변진] 12국은 진왕에게 신속되어 있다. 진 왕은 항상 마한 사람으로 왕을 삼아 대대로 세습했으며, 진 왕이 자립하여 왕이 되지는 못하였다."라는 《삼국지》〈한전〉 변한조의 기사다. 그러나 이 기록의 어떤 부분도 에가미의 주장처럼 기마족이 세운 강력한 정복 왕조를 시사해주지는 못한다. 이 인용문의 진 왕은 에가미 식의 해석인 정복 군주는커녕 스스로 왕위에 오를 권한조차도 없는, 마한에 예속된 존재다. 이때의 진 왕은 목지국의 수장과는 별개의 존재로 보아야 한다. 진수陳壽 (232~297)는 이 사실을 기록하며, "그들은 외지에서 옮겨 온 사람들이 분명하기 때문에 마한의 통제를 받았다."라는 《위략》의 기록을 인용했다. 이미 살펴본 대로, 진변한 제국諸國은 북방의 유목민이 아니라 중국 진나라 출신의 이민자들이 세운 나라들이다.

에가미류의 기마민족설을 실제로 검증하려면 한반도 남부에서 출토되는 기마 관련 유적과 유물을 살펴봐야 한다. 마구馬具와 같은 기마와 관련된 고고학 자료에 대한 해석 여부가 한국판 기마민족설의 진위 여부를 가늠하는 기준이 되기 때문이다. 다시 말해, 이들 기마 관련 자료를 기마족의 이동과 정복의 결과로 파악해야 하는지, 아니면 기마족과의 교류의 산물로 해석해야 하는지의 문제다.

이른바 부여족 남하설의 논자들이 주목한 고고학 자료는 김해 대성동 고분군과 동래 복천동 고분군 가운데 3세기 말에서 5세기 초에 걸쳐 조성된 무덤으로 추정되는 구릉 정상부의 목곽묘와 그 출토 유물이다. 그 요지는 이렇다. 이들 고분군에서 철제 갑주류甲胄類 및 마구류, 오르도스Ordos형 동복銅鍑 등이 출토되었다. 부여족 남하설 논자들은 이들 유물의 갑주류 중 몽고발형주蒙古鉢形胄와 찰갑札甲은 북방 유목민이 말을 탈 때 쓰는 투구와 갑옷으로서 전형적인 북방계 유물을 대표하며, 마구류 중 재갈과 고삐는 중국 동북 지역의 동호東胡(선비) 계통 유목민이 사용하던 유물이라고 본다. 이들 북방계 유물은 주로 부여의 주요 묘제인 목곽묘에 묻혀 있었는데, 이 같은 무덤 양식이 3세기 말 김해에 돌연히 나타났다고 주장한다. 특히 그들은 북방 유목민이 도래한 결정적인 증거로 대성동 유적 등에서 출토된 3점의 오르도스형 동복을 들고 있는데, 그 세부 형태나 기법이 부여의 중심지였던 현재 지린吉林성 북부 지역 출토품과 유사하다는 주장이다. 이 동복은 북방 유목민이 사용하던 취사 도구의 일종인데, 유목민은 목축을 하면서 물과 풀을 따라 옮겨 다녔기 때문에 양 귀에 끈을 꿰어 말안장에 매달 수 있는 이동식 솥인 이 동복을 사용했다는 얘기다. 북방 유목민의 이 같은 유물과 묘제를 특징으로 하는 고분들이 김해 대성동 등에 조성된 점을 고려할 때, 김해 지역에서 금관가야를 건국한 세력은 부여 계통 주민이 이동한 결과라는 주장이다.

그 표현이 무엇이든, 한국판 기마민족설의 근본적인 한계는 무덤 양식의 변화나 그 유물을 근거로 지배 세력이 교체되었다고 보는 데 있다. 예컨대 지난 1970년대 초반에 발굴된 백제 무령왕릉이나 바로 옆에 있는 송산리 6호분은 전 시기와 다른 벽돌무덤[전실분博室墳]이다. 전실묘(전실분)는 서울 석촌동에 남아 있는 돌무지무덤[적석총積石塚]과는 완전히 다른 양식이다. 이런 현상을 부여족 남하설 논자들의 주장대로 해석하면, 이 시기에 중국 남조의 한 세력이 백제를 정복하고 새로운 왕조를 세웠다고 보아야 한다. 그러나 벽돌무덤[전축분]은 백제 왕실이 5세기 후반에 공주로 천도한 후 중국 남조의 영향을 받아 한동안 사용했다는 주장이 고고학계에서 반론이 전혀 없는 정설로 되어 있다. 마찬가지 논리로, 목곽묘의 출현이 바로 한국판 기마민족설의 정당성을 뒷받침해주는 근거가 될 수는 결코 없다.

사실 목곽묘는 위만조선 시대 조선 지배층의 전형적인 무덤 양식이었다. 따라서 목곽묘의 등장은 오히려 부여족 남하설을 부정하고 고조선 및 인근 지역의 진秦 계통 주민의 이동설을 입증하는 근거가 된다. 또, 대성동 고분군의 1·2차 발굴 조사에서 토기류, 마구류, 무기류, 장신구 등 무려 유물 1천 수백 개나 출토되었다. 그중 일부, 특히 동복 한두 점이 부여 계통과 유사하다고 해서 부여족이 남하했다고 주장하는 논리는 지나친 비약이다. 마구류 및 갑주류 역시 국가 소속의 기병단騎兵團의 유물로 보는 편이 훨씬 설득력이 있다. 그리고 부여족 남하설 논자들의 주장대로 해석한다면, 발굴 조사 당시 출토된 파형동기巴形銅器, 통형동기筒形銅器, 벽옥碧玉 제품류 등 왜倭 계통 유물은 '왜의 가야 정복설'의 증거로 보아야 한다는 말인가.

한국판이든 일본판이든, 기마민족설은 용어에도 문제가 있다. 기마민족이라는 말의 사전적 의미는 '말을 타는 민족'이다. 그러나 말을 교통수단으로 이용하는 일은 아주 오래전부터 있어온 여러 인종의 공통적인 습속이다. 따라서 단순히 말을 타는 민족을 기마족이라고 할 수는 없다. 에가미가 말하는 기마민족이란 유라시아 초원지대에 살았던 유목민을 연상케 하는데, 이를 3세기 중엽 한반도 남부의 기마 습속과 동일시할 수는 없다. 한국이나 중국 측 문헌 자료에 따르면, 삼국시대 초기부터 나타나는 기마 관계 서술은 국가의 군사 조직을 의미하는 내용으로, 유목민 그 자체를 지칭하는 말은 아니기 때문이다. 이처럼 3세기 중엽 한반도 남부에 '기마민족'적인 요소가 있었다고 해도, 그것은 구체적으로 '기병단을 보유한 농경민족단' 혹은 '농경민사회를 토대로 조직된 기병단'을 가리키는 근거가 된다. 그 연장선상에서, 에가미가 말하는 일본 열도를 정복한 세력 역시 북방 유목민 계통의 기마민족이 결코 될 수 없다.[52]

03: 한반도 북부의 주인, 예맥

《금사金史》※는 "금金의 시조는 말갈씨鞨鞨氏에서 나왔다."라고 기록하고 있다. 여진족女眞族의 나라인 금 왕조의 시조가 말갈족이었다는 얘기다. 금 왕조는 북만주에 위치한 여진 완만부完顔部의 수장인 아골타阿骨打가 여진의 여러 부족을 통합한 뒤 1115년에 세웠다. 말갈족을 가리키는 여진이라는 호칭이 처음으로 등장한 때는 903년 무렵이다. 이때는 발해의 국력이 쇠약해진 반면, 거란이 강해지던 시기였다. 이런 연원을 지닌 여진족은《금사》,《고려사高麗史》등에는 '압록강鴨綠江 여진' '30성三十姓 여진' '흑수黑水 여진' 등의 이름으로 등장한다. 특히《고려사》에서는 압록강 여진을 서여진, 흑수 여진을 동여진이라고 부르는 한편, 동여진을 동번東蕃, 서여진을 서번西蕃이라고도 했으며, 북만주의 여진을 북번北蕃이라고 불렀다.

※ 원나라 토크토脫脫 등이 금나라(1115~1234) 127년간의 역사를 정리한 정사正史로, 본기本紀 19, 지志 39, 표表 4, 열전 73 등 총 135책으로 되어 있다. 인용문은《금사》본기 세기世紀에 나온다.

예맥족의 후예, 말갈족

여진을 가리키는 여러 용어 중 동번과 서번에 주목할 필요가 있다. 각각 고려 변경의 동쪽 오랑캐, 서쪽 오랑캐라는 뜻을 내포하고 있는 동번과 서번은 한반도 북부와 남만주 일대에 거주하고 있었다. 한반도 북부에는 고려가 세워지기 전부터 여진족의 선조인 말갈족이 정착해 살고 있었고, 고려가 건국된 후에도 마찬가지였다. 이런 상태는 "평양의 옛 도읍이 황폐한 지 비록 오래되었지만 고적古蹟은 아직 남아 있다. 그런데 가시넝쿨이 무성하여 번인蕃人이 거기서 사냥을 하고 있다."《고려사》, 태조 1년 9월)라는 태조 왕건王建의 탄식에서도 알 수 있다. 이 기록은 고구려의 수도로서 한때 번성했던 평양조차도 번인, 즉 말갈족의 근거지였음을 보여준다.

고구려의 계승을 강령으로 내세운 고려답게, 건국과 거의 동시에 평양에 신경을 썼다. 이런 사정은 "여러 고을의 인호人戶를 나누어 평양에 살게 하고 대도호부大都護府로 삼았다."라는 《고려사절요高麗史節要》 태조 1년 9월의 기록에서 확인할 수 있다. 고구려의 후예를 자처한 고려 왕조가 평양을 방치한다면 누가 그 진정성을 믿겠는가. 건국한 지 불과 3개월 만인 918년 9월에 왕건은 평양을 말갈족으로부터 수복하고 으뜸 고을인 대도호부로 삼는 조치를 단행했다. 그럼에도, 무려 70여 년 후인 991년에 서희徐熙가 거란의 소손녕蕭遜寧과 담판 지어 훗날의 강동江東 6주를 차지할 권리를 확보할 때까지 평양 이북 대부분의 지역은 여전히 여진족, 즉 말갈족의 땅이었다.

거란이 손쉽게 자신의 판도로 편입할 수도 있었던 강동 6주를 고려에게 양도한 까닭은 당시 국제 정세를 고려한 고육책이었다. 10세기 초 당나라 말기의 혼란기를 틈타 야율아보기耶律阿保機가 거란의 여러 부족을 통합했다. 고려가 건국되기 2년 전인 916년의 일이었다. 거란족의 통합 군주답게 중원 진출을 꿈꾸었던 야율아보기가 우선 처리할 현안은 배후의 한반도 및 만주 문제였다. 거란이 중원을 공격하기 전에 먼저 발해를 공격해 멸망시킨(926) 것 역시 중원 진출을 위한 사전 정지 작업이었다. 발해를 정복한 거란은 화북華北의 이른바 연운燕雲 16주를 차지하는 등 점차 영토를 중국의 북부 지역으로 확대해나갔다. 거란은 이런 국력 신장을 바탕으로 947년에 나라 이름마저 대요大遼로 바꾸었다. 하지만 13년 뒤인 960년에 조광윤趙匡胤이 당 멸망 이후 5대의 혼란기를 수습하면서 송宋 왕조를 세웠다. 그리하여 동북아시아의 정세는 중원의 송과 북방의 거란, 그리고 한반도의 고려가 병존하는 이른바 정족鼎足의 대치 상태가 되었다.

당시 압록강 하류 지역에는 압록강 여진의 분파인 '빈해濱海 여진'이 자리 잡고 있었으며, 그 중류 지역에는 발해의 유민이 세운 정안국定安國이 있었다. 이 정안국이 송과 손을 잡고 거란을 협공하려는 움직임을 보였다. 이에 대한 대응으로, 거란은 먼저 고려 북변에 있는 빈해 여진과 정안국을 정벌한 뒤 압록강 유역에 3요새(위원威寇, 진화振化, 내원來遠)를 세워 나머지 여진족과 송의 교섭을 완전히 봉쇄해

버렸다. 한편, 송은 991년에 거란으로부터 화북의 16주를 되찾기 위해 군사를 일으켰다가 대패한 후에는 소극적인 방어 정책으로 전환했다.

이런 과정을 거쳐 대송 전선에서 우위를 차지한 거란은 993년에 고려를 공격했다. 이때 거란은, 발해가 고구려를 계승했으니 발해의 영토, 즉 고구려의 옛 땅은 모두 발해를 점령한 거란의 몫이라는 논리를 폈다. 하지만 서희는 거란의 침략 이유가 겉으로 내세운 고구려 옛 땅의 확보가 아니라 고려와의 외교 관계 수립에 있다고 판단했다. 당시 거란은 고려와 전면전을 벌일 형편이 아니었기 때문이다. 고려와 전쟁을 벌이는 와중에 송이 배후를 공격하면 거란은 두 개의 전쟁을 치러야 하는데, 그럴 정도의 국력은 아니었다. 거란의 이런 허점을 간파한 서희는 소손녕과 담판 지어 압록강 동쪽의 강동 6주를 할양받기로 했다. 이곳 여진족이 교통을 차단해 고려가 그동안 거란과 통교할 수 없었다는 이유에서였다. 대신 고려가 송과의 관계를 단절하고 거란과 외교 관계를 맺는 조건이었다.[53]

소손녕이 이끄는 거란군이 철수한 뒤, 서희는 직접 군사를 이끌고 여진족을 토벌했다. 그 뒤 고려는 흥화진興化鎭(의주), 안의진安義鎭(안주), 통주通州, 철주鐵州, 귀주龜州, 곽주郭州의 강동 6주에 성을 쌓고 압록강 하류 지역을 차지하였다. 이어 고려는 동여진의 경략에 주력했고, 그 성과를 바탕으로 국경 방위를 강화하기 위한 대책으로 압록강 하구에서 동해안 화주(和州)에 이르는 천리장성을 쌓았다. 이 공사는 1088년(정종 10)에 완공하기까지 12년이 걸린 대역사였는데, 높이와 폭이 각각 25척(1척尺은 약 30.3센티미터에 해당)이었다.

고려는 건국 직후부터 계속 북방을 개척했고, 확보한 영토를 보다 효과적으로 방어하기 위해 천리장성을 쌓았다. 말할 나위도 없이 장성 밖 한반도 북부는 말갈족의 후예인 여진족의 터전이었지만, 그들은 천리장성의 안에도 거주하고 있었다. 이렇게 고려 영토에 살던 여진족은 점차 호적에 등록되어 고려의 신민臣民이 되었지만, 초기만 해도 자기들끼리 부락을 이루어 살았다.[54]

고려 시대에도 여전히 여진족의 터전이었던 한반도 북부 일대는 원래 예맥濊貊의 터전이었다. 《후한서》와 《삼국지》의 〈예전〉에서 예맥의 영역이 남쪽으로 진한, 북으로 고구려·옥저와 접해 있고, 동쪽은 대해에 닿으며, 서쪽은 낙랑과 접하고 있다고 전하는 데서 알 수 있다. 대체로 한반도 북부의 동쪽 지역이 예濊의 영역이라는 말이다.

그렇다면, 어떤 이유로 한반도 북부에서 예맥족이 사라지고 난 뒤 말갈족이 그들의 터전에 이주해 정착했을까? 아니면, 예맥의 명칭이 후대에 와서 말갈로 바뀐 것일까? 다시 말해, 말갈족은 예맥족의 후예일까? 이 문제에 관해서는 《삼국사기》 편찬자들*이 그 실마리를 제공해준다.

중국 측 문헌 자료에 따르면, 말갈이라는 이름은 6세기 중엽에 와

---

* 《삼국사기》는 흔히 김부식이 지었다고 알려져 있지만, 실은 인종仁宗의 명령에 따라 김부식의 주도하에 최산보崔山甫 등 11인의 편찬자가 집필했다.

서야 비로소 등장한다.* 6세기 중반 이전에는 말갈이라는 족속 이름
은 아예 존재하지 않았다. 더군다나 중국 측 자료는 일관되게 말갈
의 주요 거주지는 한반도가 아닌 만주 지역이었다고 전하고 있다.[55]
반면, "졸본卒本 땅은 말갈 부족과 인접해 있었다."(고구려본기, 시조 동명
성왕 즉위년) "말갈이 우리 북쪽 경제에 인접해 있다."(백제본기, 시조 온조
왕 2년) "말갈이 대규모로 북쪽 경계를 침략하여 관리와 백성을 살해
하고 약탈했다."(신라본기, 지미이사금祗摩尼師今 14년)라는 《삼국사기》 초
반부 기록은 말갈의 활동 무대가 한반도 북부는 물론 중부까지 이르
고 있었다는 정황을 알려준다.

《삼국사기》와 달리, 《삼국지》 등 중국 측 자료에는 3세기 당시 한
반도 북부 일대에 존재했던 인종으로 '예'나 '예맥'만 등장한다. 예와
예맥은 같은 족속을 가리키는 이름이다. "동옥저는 …… 남쪽으로
예맥과 접하여 있다."라는 《삼국지》 〈동옥저전〉의 기록과 "예는 ……
북쪽으로 고구려·옥저와 접하여 있다."라는 《삼국지》 〈예전〉의 기록
을 보면, 동일한 정치체를 예와 예맥으로 표기했음을 알 수 있다. 따
라서 《삼국사기》 초반부에 나오는 말갈의 실체는 예나 예맥으로 표
현된 예맥계 족속이라고 볼 수 있다.

실제로 《삼국사기》 초반부에도 예맥계 족속을 가리키는 명칭으로
'말갈' 이외에 '예濊[穢]' '맥貊' 그리고 '예맥穢貊' 등이 함께 등장한다.

---

* 중국 정사에서 말갈이라는 명칭이 처음 등장하는 시기는 서기 563년, 즉 《북제서北齊書》
무성제기武成帝紀 하청河淸 2년의 기록이다.

고대, 한반도로 온 사람들

예컨대 "유리명왕琉璃明王 31년에 한漢의 왕망이 우리 군사를 징발했다. …… 엄우嚴尤가 왕망에게 아뢰어 말하기를 '…… 아직 흉노를 이기지 못했는데, 부여와 예맥穢貊이 다시 일어난다면 이것은 큰 걱정거리입니다.'라고 했다."(고구려본기, 유리명왕 31년)라는 기록, "책계왕責稽王 13년 가을 9월에 한漢의 군현과 맥인貊人이 침략해 왔다."(백제본기, 책계왕 13년)라는 기사, "진흥왕眞興王 9년 봄 2월에 고구려와 예인穢人이 백제의 독산성獨山城을 공격했다."(신라본기, 진흥왕 9년)라는 기사 등에서 보이듯이, 예, 예맥, 맥 등의 명칭이 함께 쓰이고 있다.

예맥과 말갈

말갈족의 선조를 나타내는 용어는 예, 맥, 예맥이 함께 쓰인다. 그런데 이 중 '예맥'이라는 명칭이 등장하는 기사는 《삼국사기》 등 한국 측 자료뿐 아니라 《한서》〈왕망전〉을 비롯한 중국 측 여러 문헌 자료에도 거의 같은 내용으로 나온다. 이로 보아, 이 정보의 원천은 한국 측이 아니라 중국 측 자료라고 볼 수 있다. 반면, 예나 맥이라는 이름이 등장하는 기사는 중국 측 자료에서는 전혀 보이지 않기 때문에 한국 측의 전승傳乘 자료를 바탕으로 서술했다고 보아야 한다. 따라서 《삼국사기》 편찬 때 원 자료가 된 한국 측의 전승에서는 예맥계 족속을 지칭하는

용어로 예穢, 맥貊이 주로 사용된 것으로 보인다.[56)]

때문에《삼국사기》에 예穢[濊], 맥貊으로 표현된 기사가 남아 있다는 사실이 예맥濊貊[穢貊]이라는 족속 이름이 처음부터 사용되지 않았다는 근거는 될 수 없다. 또한,《삼국지》등 중국 문헌 자료에서 濊와 濊貊이 함께 쓰이고 있는 사례로 보아,《삼국지》의 편찬 시기와 그다지 차이가 나이 않은 시기에 서술된 삼국의 역사서에도 濊貊이 나왔을 확률을 높여준다. 고구려나 백제만 해도 4세기에 역사서를 편찬했다. 이때 편찬한 양국의 역사서가 현재 전해지지 않아 확실하게 판단할 수는 없지만, 이들 사서를 비롯한 삼국의 원 사료를 참고 자료 삼아 편찬했기 때문에《삼국사기》에 穢(濊), 貊 등이 나온다고 보아야 한다.

여기서 5세기 초의 금석문인〈광개토왕릉비廣開土王陵碑〉에 나오는 '신래한예新來韓穢'라는 구절에 주목할 필요가 있다. '새로 데리온 한인과 예인'라는 뜻의 新來韓穢은 광개토왕이 396년의 백제 원정 뒤 포로로 잡아온 자들을 가리킨다. 그렇다면 4~5세기까지도 최소한 고구려와 백제에서는 穢라는 명칭이 실제로 사용되고 있었다는 사실을 알 수 있다. 그럼에도 유독 濊貊만《삼국사기》에서 사라진 이유는, 그 편찬자들이 특정한 족속 이름인 예맥을 말갈로 바꾸어 기록했을 가능성을 상정할 수밖에 없다.《삼국사기》를 편찬할 때《삼국지》등 중국 측 문

고대, 한반도로 온 사람들

헌 자료도 주요한 참고 문헌으로 삼았던 《삼국사기》 편찬자들
이 예맥의 존재를 몰랐을 리가 만무하기 때문이다.

　　앞서 기술한 대로 《삼국사기》 편찬 당시에도 천리장성 밖의
한반도 북부는 물론이고 장성 안쪽에는 말갈족의 후예인 여진
족이 살고 있었다. 학자이기보다는 나라를 다스리는 위정자였
던 《삼국사기》 편찬자들은 이런 상황을 잘 인지하고 있었다.
때문에 말갈족을 예맥의 후예로 여긴 그들이 《삼국사기》 집
필 때 '滅貊'을 말갈로 전면 바꾸어 서술했다고 할 수 있다. 사
실 《삼국사기》 편찬 당시에는 말갈이라는 명칭은 거의 사용되
지 않았다. 물론 《삼국사기》 이전의 역사서 편찬자들이 이미
예맥을 말갈로 일괄 개칭했기 때문에, 《삼국사기》 편찬자들이
이들 역사서의 용례를 그대로 따랐을 가능성도 농후하다. 그
럼에도, 유독 예맥과 같은 족속을 일컫는 穢[濊], 貊은 말갈로
고쳐 기록하지 않은 이유에 대한 의문이 남는다. 현재로서는
명확하게 답을 내리기는 어렵다. 다만 이런 추정이 가능하다.
《삼국사기》 이전의 역사서 집필자들이나, 늦어도 《삼국사기》
편찬자들이 집필 지침을 마련할 때 기존 사료에 나오는 예맥
을 말갈로 전면 개칭하자고 결정했지만, 실제 개정 작업에서
예맥이라고 표기되지 않은 穢[濊], 貊은 집필 실무자의 착오 등
으로 누락되었을 가능성을 상정할 수 있다.[57]

예맥의 공간 범위

예맥족의 후예가 말갈족이라는 주장은 양자의 영역이나 생계 수단 등을 통해서도 방증할 수 있다. 한 무제는 기원전 108년에 조선을 멸망시킨 뒤 그 지역에 한사군을 설치했다. 그해 낙랑군, 진번군, 임둔군 등 3군이 설치되었고, 현도군은 이듬해인 기원전 107년에 설치되었다. 이 중 진번군과 임둔군은《사기》〈조선전〉에 위만이 조선의 왕이 된 뒤 복속시킨 정치체로 등장하는 진번 및 임둔과 그 명칭이 일치한 정황으로 보아서, 바로 이들 지역에 각각 설치되었다고 보아야 한다. 진번군의 경우는 그 위치를 황해도 일대로 보는 견해가 널리 인정받고 있다. 임둔군의 위치에 관해서는 여러 주장이 제기되고 있지만, 모두《삼국지》및《후한서》〈예전〉에 나오는 예맥 지역과 관련이 있다고 보는 데는 일치한다.

《삼국지》〈예전〉은 예의 영역에 관해 "예는 남쪽으로 진한, 북으로는 고구려·옥저와 접해 있고, 동쪽은 대해[동해]에 닿았으니, 오늘날 조선의 동쪽이 모두 그 지역이다."라고 기술하고 있다. 이런 지리 공간은 "예는 북쪽으로 고구려·옥저와 접해 있고 남쪽으로는 진한과 접해 있고 동쪽은 대해에 닿으며, 서쪽은 낙랑에 이른다. 예와 옥저, 고구려 모두가 본디 옛 조선의 지역이다."라는《후한서》〈예전〉의 기록에서도 확인된다. 이처럼 예의 공간 범위는 남으로 진한과, 북으로 고구려·옥저와 접해 있고 동으로 동해에 닿으며, 서로는 낙랑과

접해 있었다. 이어《후한서》및《삼국지》〈예전〉은 예 지역을 단단대

(산)령을 경계로 '영서'와 '영동'으로 구분하고 있다.

그동안은 예의 영역을 '영동 7현'으로 한정해 이해하려는 경향이

우세했다.《삼국지》〈고구려전〉의 "고구려 사람들은 힘이 세고 전투

에 익숙하여 옥저와 동예東濊가 모두 복속되었다."라는 서술의 '동예'

를 예와 동일시했기 때문이다. 하지만《삼국지》〈예전〉은 예인濊人의

거주지에 관해 영동은 물론 영서까지 포함해 서술하고 있다. "단단

대산령의 서쪽[영서]은 낙랑군에 소속되었으며 영동의 7현은 동부도

위가 통치하는데, 그 백성은 모두 예인이다."라는 기록이 그 근거가

된다.

잘 알려진 대로 진번군과 임둔군은 설치된 지 20년 만에 폐지되었

고, 기원전 82년 진번군과 임둔군의 옛 땅은 각각 낙랑군과 현도군

에 통합되었다. 이어 기원전 75년에는 현도군마저 고구려의 서북쪽

으로 옮겨 갔다. 3군이 사실상 폐지된 원인은 고구려 등 토착 정치체

의 반발과 저항이었다. 현도군이 이전한 후 현도군이 관할하던 임둔

고지가 낙랑군에 속하게 됨으로써, 낙랑군은 임둔 고지 중 영서 지

역은 직접 통치하고 영동의 7현은 동부도위를 두어 다스리게 했다.

《삼국지》〈예전〉에서 말한 예맥족의 거주지, 즉 임둔 고지의 위치

와 관련해, 기원전 45년에 작성된 '낙랑군 초원 4년 호구부'를 최초

로 소개한 북한의 손영종이 낙랑군 영역을 4개 권역으로 분류한 의

도에 주목할 필요가 있다. 그는 낙랑군 25개 현을 제1권역(조선, 남감,

증지, 점제, 사망, 둔유), 제2권역(대방, 열구, 장잠, 해명, 소명, 제해, 함자), 제3권역 (수성, 누방, 혼미, 패수, 탄열), 제4권역(동이, 잠태, 불이, 화려, 사두매, 전막, 부조)으로 구분했다. 물론 '낙랑군 초원 4년 호구부'에는 이들 25개 현이 어떤 구분 없이 나열되어 있다. 하지만 낙랑군 25개 현을 4개 권역으로 구분한 손영종의 의도는 분명하다. 우선 대방부터 함자까지의 제 2권역 7개 현은 《진서》〈지리지〉에 기술된 후대 대방군 소속의 7현과 일치한다. 이 7개 현은 본래 진번군의 일부 현으로 훗날 낙랑군 남부도위가 관할하게 되었다. 제4권역의 7개 현 역시 낙랑군 동부도위 관할의 '영동 7현'과 일치한다.[58]

이렇게 제2, 4권역의 현들이 각각 특정 지역과 관련하여 묶였던 만큼, 제1, 3권역의 현들도 특정 지역과 연관되었을 가능성이 크다. 이 중 제3권역에 속하는 5개 현의 위치는 "영서는 낙랑군에 소속되었으며 영동의 7현은 동부도위가 통치하는데, 그 백성은 모두 예인이다."라는 《삼국지》〈예전〉 기록에서 단서를 찾을 수 있다.

현재 학계는 대체로 영동 7현은 함경남도와 강원도 북부에 있었으며, 영서 5현은 평안남도와 황해도의 동부 산악 지역에 위치해 있었다고 추정하고 있다. 이른바 영서든 영동이든 이들 지역의 주요 구성원은 예인, 즉 예맥족이었다. 당시 예맥족의 거주지가 영서 5현 및 영동 7현에만 한정되지는 않았다. 단지 이들 지역만이 낙랑군의 관할이었다는 표현일 따름이다. 낙랑군 시절이나 그 이후에도 예맥족은 만주 지역은 물론, 낙랑군의 영역 밖인 한반도 북부와 중부에도 폭넓게 거주하고 있었다. 5세기 초의 〈광개토왕릉비廣開土王陵碑〉에 나오는 '신래한예新來韓穢'라는 구절은 광개토왕이 396년의 백제 원정 뒤 포로로 잡아온 한강 이북 백제 지역민을 가리키는데, 한인韓人뿐 아니라 예인穢人도 있었음을 알 수 있다. 이처럼, 백제의 세력권인 한반도 중부에도 예인, 즉 예맥족이 살고 있었음을 알 수 있다.

이 예맥족의 터전에서 그 후예인 말갈족도 살았다. 한반도 내에서 그들이 활동한 범위를 살펴보려면 중국 측 자료보다 한국 측 문헌 자료를 검토하는 작업이 유용하다. 중국 측 자료는 중국 동북 지방으로 한정해 말갈족을 다루었기 때문이다. 반면, 한반도의 말갈족 관련 정보는 대부분 그들의 백제 및 신라 침략 관련 기록으로, 삼국의 건국 초기부터 《삼국사기》에 등장한다.

그중 말갈족의 지리 공간을 알려주는 정보로는 《삼국사기》 신라본기보다는 백제본기가 유용하다. 말갈은 신라본기보다 백제본기에 자주 등장한다. 백제본기의 해당 기사는 대체로 두 계열로 분류할 수 있다. 하나는 침략당한 장소를 특정해 표기한 사례로, 이 경우가 다수를 차지한다. 가령 "말갈 군사 3,000명이 쳐들어 와서 위례성慰禮城을 포위했다."(백제본기, 온조왕溫祚王 8년)라는 식이다. 물론, 이런 정보로는 그들의 영역이 백제의 주변 지역에 위치했다는 정도만 파악할 수 있다.

다른 하나는 지명을 특정하지 않고 그저 국경을 침략했다고만 되어 있는 경우다. 예컨대 "말갈이 북쪽 국경[北境]을 침략했다."(백제본기,

온조왕 3년) "말갈이 북쪽 변경[北鄙]를 침공했다."(백제본기, 다루왕多婁王 28년) "말갈이 북쪽 변경을 약탈했다."(백제본기, 구수왕仇首王 7년)라는 기록 등이 이 범주에 해당한다. 특정 지명을 명기하지 않은 채 공격받은 지점을 그저 북변, 북경, 북비 등의 용어로 기록했는데, 이들 기록에 따르면 말갈이 백제의 북방에 위치했음을 알 수 있다.

말갈족의 터전은 이렇게 백제의 북쪽 지역이었다. 보다 직접적인 정보 역시 《삼국사기》 백제본기에서 찾아볼 수 있다. "말갈이 우리의 북쪽 국경과 잇닿아 있다."(백제본기, 온조왕 2년) "나라의 동쪽에는 낙랑이 있고 북쪽에는 말갈이 있어서 영토를 침략해 왔다."(백제본기, 온조왕 13년)라는 기록 등이 이를 뒷받침해준다. 뒤의 기록은 낙랑과 말갈의 근거지를 각각 백제의 동방, 북방으로 기술하고 있지만, 양자가 대체로 대백제 공세에서 공동 보조를 취했기 때문에 채택한 대구적인 표현에 불과할 뿐이다. 예컨대 "낙랑이 말갈을 시켜 병산瓶山의 목책木柵을 습격해 파괴하고 100여 명을 죽이거나 납치해 갔다."(백제본기, 온조왕 11년)라는 기록처럼 낙랑의 사주를 받은 말갈이 공격하거나, "한[낙랑군]과 [예]맥인이 와서 침략하니, 왕이 나가 막다가 적병에게 살해되었다."(백제본기, 책계왕 13년)라는 기록대로 두 세력은 연합 작전을 펼치고는 했다. 그러니 저 표현이 실제 근거지를 그대로 나타냈다고는 할 수 없다.[59)

한편, 《삼국사기》 백제본기 온조왕 13년에 나오는 '낙랑'은 실제로 낙랑군이 아닌 '동예東濊'를 가리킨다고 볼 수도 있다. 동예 역시 말

고대, 한반도로 온 사람들

갈처럼 낙랑에 종속된 세력이었기 때문에 《삼국사기》 편찬자가 동예를 낙랑으로 표기했을 가능성이 농후하다. 동예, 즉 영동의 예맥은 서기 30년에 동부도위가 폐지되면서 한 제국의 후국侯國이 되었는데, 《후한서》 〈예전〉의 다음과 같은 기록으로 확인할 수 있다. "건무建武 6년(서기 30)에 동부도위의 관직을 폐지하고 대령의 동쪽 지역을 포기하여 모든 땅을 그 지방의 우두머리[渠帥]들을 봉해 현후縣侯로 삼았다."

말갈과 백제의 구체적인 경계선은 그들이 교전했던 지명에서 확인할 수 있다. "말갈이 몰래 이르자, 왕이 병사를 거느리고 칠중하七重河에서 막아 싸웠다."(백제본기, 온조왕 18년)라는 기록에 등장하는 칠중하는 7세기 중엽 고구려와 신라 간의 격전이 벌어진 칠중성七重城과 무관치 않다. 바로 "고구려가 북쪽 변경의 칠중성을 침입했다."(신라본기, 선덕여왕 7년)라는 기록 속 칠중성이다. 《삼국사기》 〈지리지〉에 따르면, 한주漢州 관할의 내소군來蘇郡에 속한 현縣 중 칠중현이 있다. 이 칠중현은 고려 시대와 와서 적성현積城縣으로 개칭되었다(《고려사》 56, 지지 10, 지리 1, 적성현). 현재 파주시 동북쪽의 임진강변에 적성(현 경기도 파주시 적성면)이라는 지명이 남아 있어, 칠중하가 적성 지역을 흐르는 임진강임을 짐작하게 해준다. 이처럼 말갈과 백제는 한때 임진강을 경계로 삼고 있었다.

이렇게 말갈족의 영역은 남쪽으로 백제와 경계를 맞대고 있었다고 보아야 하지만 항상 그렇지만은 않았다. "왕이 동부東部에 명령하여 우곡성牛谷城을 쌓아 말갈의 침략을 대비하게 했다."(백제본기, 다루 왕 29년)라는 기록은, 말갈이 백제의 동방에도 위치했을 가능성을 알 려준다. 말갈이 백제의 북방에만 위치했다면, 말갈의 침략을 방비하 기 위한 축성築城을 북부가 아닌 동부에 했을 필요가 없었기 때문이 다. "동부의 흘우屹于가 말갈과 더불어 마수산馬首山 서쪽에서 싸워 이겼다."(백제본기, 다루왕 3년)라는 기록에서도 백제가 북쪽은 물론이고 동쪽으로도 말갈과 경계를 이루었을 가능성이 확인된다. 이 기사는 '흘우가 휘하의 동부를 침략한 말갈을 물리쳤다.'라고 풀이하는 것이 타당하기 때문이다.

백제뿐 아니라 신라 관련 기록을 통해서도 말갈족이 백제의 동쪽 에도 위치했다는 판단을 할 수 있다. 《삼국사기》 신라본기에는 "말 갈의 대부대가 북부 국경을 침략하여 관리와 백성을 죽이거나 납치 해 갔다."(신라본기, 지마이사금 14년)라고 기록돼 있다. 2세기 초에는 말 갈의 영역이 신라 북방에 위치했다는 말이다. 7세기가 되었을 때 말 갈과 신라의 경계선은 《삼국사기》 〈지리지〉에서 찾아볼 수 있다. "명 주溟洲는 본래 고구려의 하서량河西良(하슬라何瑟羅라고도 한다.)인데, 뒤 에 신라에 복속되었다. …… 태종왕 5년·당唐 현경顯慶 3년(658)에 하 슬라 지역이 말갈과 연결되어 있다고 해서 소경小京을 폐지하여 주州 를 만들고 군주軍主를 두어 지키게 했다."라는 기록 속 명주, 즉 고구 려의 하서량은 오늘날의 강릉이다. 이 하서량이 말갈과의 접경 지역 이기 때문에 소경을 폐지하고 군 사령관인 군주를 파견해 지키게 했

　　　　　　　　　　　고대, 한반도로 온 사람들

다는 내용이다.

무열왕 이전에는 말갈족과 신라의 경계선이 더 남쪽에 있었다. "고구려와 말갈이 북쪽 변경의 실직성悉直城을 습격했다."(신라본기, 자비마립간慈悲麻立干 11년)라는 기록을 통해 알 수 있다. 《삼국사기》〈지리지〉 삼척군지三陟郡條에 나오는 지명임을 고려할 때, 실직성은 오늘날의 강원도 삼척시에 자리하고 있었다고 볼 수 있다. 동일한 내용이 《삼국사기》 고구려본기 장수왕 56년에 나온다. 실직성은 내물왕때 북쪽으로 영토를 확장해가던 신라가 말갈과 충돌한 지역이기도했다. 이런 사정은 "말갈이 북쪽 변경을 침범하므로 군사를 내어 실직 벌판에서 크게 물리쳤다."(신라본기, 내물이사금奈勿尼師今 40년)라는 기록이 뒷받침해준다.

내물왕(재위 356~402) 이전 말갈의 터전은 실직성, 즉 오늘날의 삼척보다 더 남쪽 지역에 위치했을 가능성도 물론 있다. 신라가 내물왕 때부터 북방 진출을 도모해 영토를 북쪽으로 실직성까지 확장하는 데 성공했기 때문이다. 그리고 오늘날의 영서 지방에서 말갈과 신라의 격전지는 충주, 제천, 단양 등 남한강 중류 지역으로 추정되는 장령長嶺 일대였다.[60] 예컨대 "말갈이 국경을 침입하여 장령의 다섯 군데 목책을 불살랐다."(신라본기, 일성이사금逸聖尼師今 4년) "말갈이 장령을 습격하여 백성을 사로잡고 노략질했다."(일성이사금 6년) "장령에 목책을 세워 말갈을 방어했다."(일성이사금 7년)라는 기록 등이 관련 내용이다. 장령은 소백산맥의 북쪽 지역이다.

요컨대, 말갈족의 원래 영역은 신라의 북방, 즉 남쪽으로는 최소한 삼척-충주 일대에 이르렀다. 그렇다면, 말갈족(예맥족)은 백제의 북방은 물론이고 그 동방에도 위치했다는 판단은 옳다고 할 수 있다. 한마디로, 말갈족(예맥족)은 중국의 동북 지방을 제외하고도 한반도 북부와 중부의 상당 지역을 터전으로 삼고 있었다.

이처럼 광범위한 예맥족의 생활 영역은 전성기 고구려의 영역과 거의 일치해, 고구려의 종족 기원이 예맥족이라는 역사학계의 상식과 부합한다. 예맥족의 한 분파인 고구려족이, 초기에는 예맥족의 영역 내에 자리한 소왕국에 불과했지만 대체로 광개토왕 시절에 예맥족 전체를 통합해 그 생활공간마저 모두 차지했다고 볼 수 있다.

그러나 이 문제를 그리 간단하게 볼 수는 없다. 〈광개토왕릉비〉 등에 전하는 고구려 건국 신화에 따르면, 주몽 집단은 부여족의 한 분파다. 다시 말해, 고구려의 지배층이 된 주몽 집단은 부여에서 나왔다. 학계에서는 대체로 부여족도 예맥족의 일원으로 간주하고 있지만, 그렇지 않을 가능성도 있다.

변진한처럼, 부여 역시 토착 세력이 성장해 세운 나라가 아니라 이주민이 건국한 나라다. 《삼국지》 〈부여전〉에는 "부여의 노인들은 자기네들이 옛날에 다른 곳에서 망명한 사람들이라고 말한다."라고 기록돼 있다. 이어 《삼국지》 〈부여전〉은 재차 부여가 이주민이 세운 나라라고 강조한다. 바로 "그 도장에 '예왕지인濊王之印'이라는 글귀가 있고 나라 가운데에 예성濊城이라는 이름의 옛 성이 있으니, 아마 본

고대, 한반도로 온 사람들

래 예맥의 땅이었다. 부여 사람이 그 가운데서 왕이 되었기 때문에 자기들 스스로 '망명해 온 사람'이라고 말하는 이유가 여기에 있는 듯하다."라는 기록이 관련 내용이다.

이 내용을 받아들인다면, 현재로서는 부여족의 원래 근거지는 알 수 없지만 부여족은 예맥족의 터전으로 이주해 와서 부여를 세웠다고 보아야 한다. 그렇다면, 주몽으로 대표되는 계루부는 신화의 내용과는 달리, 부여족의 일파가 아니라 부여족에게 쫓겨난 예맥족 분파로 볼 수 있다. 부여가 건국된 뒤에도 부여의 영역 내에 예성이라는 지명이 남아 있는 사실로 보아, 부여 일대의 예맥족이 모두 주몽을 따라간 것은 아니고 그 상당수는 부여의 영내에 그대로 머물러 있었다고 볼 수 있다.

예맥의 향배

백제는 신라와 마찬가지로 건국 초기에 줄곧 말갈, 즉 예맥의 공세에 시달렸다. 심지어 백제가 도성을 한수漢水, 즉 한강 이남으로 옮겼을 정도로 말갈은 백제에게 위협적인 존재였다. "왕이 신하들에게 이르기를 '나라의 동쪽에는 낙랑이 있고 북쪽에는 말갈이 있어 영토를 침략하기 때문에 …… 반드시 도읍을 옮겨야 한다. 내가 어제 나가서 순행하다가 한수 남쪽의 토양이 비옥함을 보았으니 그곳으로 도읍을 정하여 영구히 편안할 계책을 도모해야 하겠다.'라고 했다."(백제본기, 온조왕 13년). 그런 백제가 말갈과의 관계에서 전세를 역전시킨 시점이 3세기다.

먼저, 백제는 고이왕古爾王(재위 234~286) 때 말갈과 화친을 맺었다. 친선 관계는 말갈이 제안하고 백제가 받아들인 식으로 맺어졌다. 이런 정황은 "말갈의 추장 라갈羅渴이 좋은 말 10필을 바쳤다. 왕이 그 사자의 노고를 위로하고 돌려보냈다."(백제본기, 고이왕 25년)라는 기록이 뒷받침해준다. 이 기사가 나온 뒤 말갈이 백제를 침략했다는 기록은《삼국사기》백제본기에서 자취를 감추었다가, 129년 만인 387년(진사왕辰斯王 3)에 와서야 재개된다. 말갈이 다시 백제를 공격하기 전까지는 양자의 우호 관계가 유지되었다고 추정할 뿐, 그 이상은 알 수 없다. 다만, 〈광개토왕릉비〉에 보이는 '신래한예'라는 구절을 통해 백제가 말갈, 즉 예맥과의 역학 구도에서 우위를 차지했음을 짐작할 수 있다. 한, 즉 백제가 예맥보다 앞에 기록되어 있기 때문이다.

이미 백제를 두 차례나 침략했던 광개토왕은 396년에 또다시 백제 원정을 단행했다. 〈광개토왕릉비〉에 따르면, 이 원정에서 광개토왕은 무려 58성城 700촌村을 점령하는 큰 전과戰果를 거두었으며, '신래한예'로 표기된 포로 등을 전리품으로 챙겨 돌아왔다. 4세기 말 고구려가 차지한 백제 영역 안에는 한인만 아니라 예인, 즉 예맥족도 살고 있었다. 학계는 대체로 직접이든 간접이든 백제의 세력권에 속했던 예맥족의 거주지를 한강과 임진강 유역인 황해도 남부, 경기도 북부, 강원 서북부 지역으로 보고 있다. 그렇다면, 그 시기는 특정할 수 없지만 백제가 예맥족을 제어할 정도로 예맥과의 관계에서 우위를 점했다고 보아야 한다.

백제가 예맥과의 세력 관계에서 전세를 역전시킨 요인은 당연히 백제의 국력 신장이었다. 고이왕은 6좌평佐平 16관등官等을 설치하는 등 체제 정비에 박차를 가했고, 근초고왕近肖古王(재위 346~375)은 이런 제도 개혁을 발판 삼아 백제의 전성시대를 이끌었다. 그는 남으로 마한을 압박하여 영토를 확장했으며, 북으로는 고구려를 쳐서 고국원왕을 죽이는 맹위를 떨쳤다. 고구려의 반격도 만만치 않았다. 소수림왕小獸林王(재위 371~384)은 율령律令을 반포하는 등 체제 정비에 주력해 국력 신장의 토대를 마련했고, 광개토왕은 이런 성과를 바탕으로 수시로 원정을 단행해 그 이름답게 영토를 크게 넓혔다.

백제의 세력권에 편입되었던 예맥족은 광개토왕의 백제 원정을 계기로 고구려의 영향권에 흡수되었다. 고구려는 이보다 앞서 인접지역의 예맥족을 복속시켜나갔지만, 낙랑군과 대방군이라는 철옹성이 버티고 있는 영서가 아닌, 영동의 예맥을 정복 대상으로 삼을 수밖에 없었다. 이런 정황은 "정시正始 6년(245) 낙랑태수 유무와 대방태수 궁준이 단단대령 동쪽의 예濊가 고구려에 복속했다고 하여 군대를 일으켜 정벌하니, 불내후不耐侯 등이 고을[邑]을 들어 항복했다."라는《삼국지》〈예전〉의 기록에서 확인할 수 있다. 이처럼 고구려는 한 제국 말기인 3세기 초에 영동의 예 지역을 점령했지만 낙랑군과 대방군의 개입으로 도로 빼앗기고 말았다. 애써 점령한 곳을 빼앗겼던 고구려는, 4세기 초에 마침내 낙랑군과 대방군을 축출하는 데 성공했다. 자연스럽게 두 군의 영향권에 있던 예맥도 고구려의 수중에 편입되었다고 본다.

한반도의 예맥이 고구려의 세력권에 속했다고 해도, 고구려의 직접적인 지배를 받지는 않았다. "고구려 국왕인 평성平成이 예와 짜고 한강 이북의 독산성을 공격했다."(《삼국사기》, 백제본기, 성왕聖王 26년)라는 기록에서 알 수 있듯이, 예맥은 고구려군의 예하가 아니라 독립 부대를 유지한 채 백제 공격에 참전했다. 이런 상태가 아니었다면,《삼국사기》편찬자는 '고구려군이 공격했다.'라는 식으로 기술했을 터이다. 예맥이 최소한 자치를 유지하고 있었다고 보이는 대목이다. 예맥은 자원 확보를 위해 독자적으로 백제 공격을 감행하기도 했다. 이런 정황은 "말갈이 침입하여 고목성을 깨트리고 600여 명을 죽이거나 사로잡아 갔다."(《삼국사기》, 백제본기, 무령왕 6년) "말갈이 한산성漢山城을 습격하여 깨뜨리고 300여 가구를 사로잡아 가지고 돌아갔다."(백제본기, 동성왕 4년)라는 기록 등에서 확인할 수 있다. "말갈이 마수馬首의 목책을 소각하고 고목성으로 진공하여 오매, 왕이 군사 5,000명을 보내 격퇴했다."(백제본기, 무령왕 3년)라는 기록에서는, 왕이 중앙군을 5,000명이나 파견할 만큼 예맥이 대규모 병력으로 침공했음을 짐작할 수 있다.

말갈은 고구려가 신라를 공격할 때에도 연합 작전의 일원으로 참

고대, 한반도로 온 사람들

여했다. 이런 사정은 "고구려가 말갈과 더불어 북쪽 변경의 실직성을 습격했다."(《삼국사기》, 신라본기, 자비마립간 11년) "고구려가 말갈과 함께 북쪽 변경을 침입하여 고명孤鳴 등을 취했다."(신라본기, 소지마립간 3년)라는 기록 등에서 확인할 수 있다. 물론 "말갈이 북쪽 변경을 침입했다."(신라본기, 소지마립간 2년)라는 기록대로, 말갈이 단독으로 신라를 공격한 경우도 있었다.

신라와 백제는 고구려와 말갈의 파상 공세에 맞서기 위해 동맹을 맺기에 이른다. 양국의 동맹은 대고구려 전선에서 방어에서 공세로 전환할 수 있는 발판을 마련해주었다. 대공세는 신라의 진흥왕(재위 540~576)과 백제의 성왕(재위 523~554) 때 이루어졌다. 먼저 동맹을 제안한 쪽은 백제였다. 551년 성왕은 동맹국 신라에 고구려에 빼앗겼던 한강 하류의 6군郡을 되찾기 위한 합동 작전을 제안했고, 그 제안을 받아들인 진흥왕은 백제와 연합해 한강 유역의 고구려 세력을 몰아내는 데 성공하고 10군을 설치했다(《삼국사기》, 신라본기, 진흥왕 12년). 신라가 설치한 10군은 한강의 상류 지역이었고, 하류 지역은 백제의 몫이 되었다. 2년 뒤 신라는 백제에 등을 돌려 백제가 점령한 하류 지역마저 빼앗고 한강 유역을 관할할 신주新州를 설치했다(《삼국사기》, 신라본기, 진흥왕 12년).

이로써 한강 유역의 말갈족은 신라의 세력권으로 편입되었다. 사실 신라의 북상은 동해 연안 지역에서 일찍이 이루어졌다. 신라는 내물왕 시절부터 본격적으로 해안선을 따라 북상했지만 고구려의 남진 전략으로 주춤했다. 그런 사정은 "왕이 말갈의 군사 1만 명을 동원하여 신라의 실직성을 공격하여 빼앗았다."《삼국사기》, 고구려본기, 장수왕 56년)라는 기록이 알려준다. 신라의 반격도 만만치 않았다. 481년 신라는 다시 침략한 고구려와 말갈 연합군을 물리치고 실직성을 수복하기까지 했다《삼국사기》, 신라본기, 소지마립간 3년). 이어 505년(지증마립간 3) 신라는 이곳에 주州를 설치했는데, 실직주가 신라 9주 중 제일 먼저 설치된 주라는 사실은 이곳의 전략적 가치가 아주 컸음을 보여준다. 신라는 진흥왕 때에 함흥 평야에까지 북상했는데, 이런 공적을 보여주는 것이 황초령黃草嶺·마운령磨雲嶺 순수비巡狩碑다. 당연히 이들 지역에 거주하던 말갈족은 신라의 판도에 흡수되었다.

신라의 눈부신 영토 확장에, 이제는 고구려와 백제가 동맹을 맺었다. 양국 동맹은 한동안 신라의 북진을 억제했지만 대세를 역전할 수는 없었다. 한반도 안에서 후원자를 구하지 못한 신라가 해외로 눈을 돌려 당을 끌어들였기 때문이다. 나당 연합군은 660년에 먼저 백제를 멸망시킨 데 이어 668년에 고구려마저 역사의 무대에서 퇴장시켰다. 그러나 동북 방면에서의 성과와 달리, 서북 방면으로의 북상은 양국이 망한 뒤에도 더디기만 했다. 신라는 735년(성덕왕 34)에 와서야 당으로부터 패강浿江 이남의 땅에 대한 영유권을 공인받았다《삼국사기》, 신라본기, 성덕왕 34년).

통일신라 당시의 패강이 예성강이라는 견해도 있지만, 대동강이 분명하다. 《삼국사기》에는 "평양성은 지금[고려 시대]의 서경西京이고 패수浿水는 바로 대동강인 듯하다. …… 지금의 대동강이 패수임이 분명하고 바로 서경이 평양임도 알 수 있다."《삼국사기》, 지리 4, 고구려) 라고 기록돼 있다. 결국, 신라는 당으로부터 고구려가 멸망한 지 반 세기가 훨씬 지난 735년에 이르러서야 마침내 대동강 남쪽 지역에 대한 영유권을 인정받는다. 이때까지만 해도 이들 지역은, 명목상일 망정 당의 영토였다.

신라의 북상이 이토록 부진했던 이유는 말갈족의 저항 때문이었 다. 말갈족은 신라의 북쪽 변경을 자주 공격했는데, 다음과 같은 기 록들에서 그런 사정을 알 수 있다.

백제가 멸망한 뒤 한주漢州의 도독 유공儒公이 대왕에게 청하여 소나素 那를 아달성阿達城으로 보내 북쪽 변경을 방어하게 했다. 상원上元 2년 (675) 을해년 봄에 아달의 태수 급찬級湌 한선漢宣이 백성에게 아무 날 일제히 나가 삼을 심게 하고 지시를 어기지 못하게 했다. 말갈의 첩자 가 이 사실을 알고 돌아가 자기 추장에게 보고했다. 그날이 되어 백성 모두가 성 밖으로 나가 밭에 있었는데, 말갈이 몰래 군사를 거느리고 갑자기 성으로 들어와서 온 성을 약탈했다(《삼국사기》, 열전 7, 소나).

말갈의 군사가 설구성舌口城을 포위했다가 이기지 못하고 물러나려 할 때에 군사를 출동시켜 300여 명을 목을 베어 죽였다(《삼국사기》, 문무왕 11년).

고구려가 멸망한 뒤 말갈족은 신라의 국경 지대를 공격하고는 했지만, 고구려와 같은 후원 세력의 부재로 신라의 군사력에 비하면 그 세력은 취약했다. 신라는 735년에 당으로부터 대동강 남쪽 지역에 대한 영유권을 공인받은 뒤 경덕왕景德王(재위 742~765) 때 예성강 유역에 군현을 새로 설치하는 등 서북 방면으로의 진출을 도모했다. 마침내 신라는 헌덕왕憲德王(재위 809~826) 때 대동강 이남 일대에 취성군取城郡(현 황주) 등 4군현을 설치해 국경이 대동강 남쪽 연안에 이르게 되었다(《삼국사기》, 지리 2).

진흥왕 당시 동해 연안 지역에서 북진으로 확보한 영토는 지속되지 않았다. 이런 사정은 "정천군井泉郡은 본래 고구려의 천정군泉井郡인데, 문무왕 21년(681)에 이곳을 빼앗았으며 경덕왕이 정천군으로 개칭했다."(《삼국사기》, 지리 2)라는 기록에서 확인할 수 있다. 신라가 681년에 오늘날의 원산인 정천군을 점령했다는 내용은 고구려 멸망 뒤에야 다시 이곳까지 북상했다는 뜻이기 때문이다. 다시 말해, 신라가 진흥왕 이후 어느 시기에 원산 남쪽으로 물러났다는 얘기다. 이런 상황은 신라의 국력이 여제 동맹의 공세로 위축된 상태에서 말갈족의 반격에 따른 결과라고 추정할 수 있다.

이렇게 해서 원산만에서 대동강에 이르는 국경선 이남에 거주하던 말갈족도 신라의 일원이 되었다. 그 단적인 사례는 신라의 중앙군 편제에서 찾아볼 수 있다. 중앙 군사조직인 9서당誓幢은 신라인과 고구려인이 각각 3개 부대, 백제인이 2개 부대, 여진족의 전신인 말

고대, 한반도로 온 사람들

갈족이 1개 부대로 편성되었다. 이 중 이국인 병졸은 대체로 삼국의 통일 과정에서 획득한 포로와 투항자로 구성되었다.[61] 9서당 가운데 한 부대가 이처럼 말갈족으로 조직된 사례는 신라의 영토 안에도 말갈족이 상당수 정착해 살고 있었음을 뜻한다. 신라 국경선 이북의 한반도 북부는 말할 나위도 없이 여전히 말갈족의 터전이었다.

예맥족은 채집 수렵인

말갈족이나 그 선조인 예맥족은 중국의 동북 지방을 비롯해 한반도 북부와 중부 일대를 활동 무대로 삼고 있었다. 왜 그들은 이토록 광범위한 영역을 생활공간으로 활용해야 했을까? 그 실마리는 "꺼리는 것이 많아서 병을 앓거나 사람이 죽으면 옛 집을 버리고 곧 다시 새 집을 지어 산다."라는 《삼국지》〈예전〉의 기록에서 찾을 수 있을 듯하다. 예맥족은 가족이 병이 들거나 죽었을 때 집을 버리고 새 집을 마련하는 관습을 가지고 있었다. 이것은 정주 생활을 하던 농경민 사회에서는 상상할 수조차 없는 풍속이다. 따라서 그들은 유목민 정도는 아닐지라도 유랑 생활에 익숙했다고 할 수 있다.

이렇게 예맥족이 유랑 생활에 익숙했다면, 그들의 경제활동은 고대 한반도의 여타 인종과는 달랐다고 보아야 한다. 일단 예맥의 생계 수단은 "낙랑의 단궁檀弓이 예 지역에서 난다. 바다에서는 반어가죽[班魚皮]이 산출된다. 땅은 기름지고 무늬 있는 표범[文豹]이 많다."라는《삼국지》〈예전〉의 기록을 통해 가늠해볼 수 있다. 예 지역의 특산물 중 바다표범[海豹]인 반어의 가죽은 어로漁撈, 무늬 있는 표범의 가죽은 수렵狩獵이 예맥의 주요한 생계 수단임이었음을 암시한다.

도구에서도 예인의 수렵 생활을 추정해볼 수 있다.《삼국지》〈예전〉에는 "길이가 3장丈이나 되는 창을 만들어 때로는 여러 사람이 함께 잡고서 사용하기도 하며, 보전步戰에 능숙하다."라고 기록돼 있다. 다시 말해, 예맥족이 9미터(1장은 3미터)나 되는 장창을 사용하기 때문에 보전에 능숙하다는 뜻인데, 이 정보를 확대 해석하면 표범과 같은 맹수 사냥이 예맥의 생계 수단이므로 그들은 3장이나 되는 긴 창을 사용했다고 풀이할 수도 있다.

예맥족 중 수렵 종사자가 3장 길이의 장창을 사용한 이유는 표범 같은 맹수는 활 한 발이나 창질 한 방에 제압할 수 없으므로 살상력이 훨씬 강한 무기가 필요했기 때문으로 여겨진다.* 예컨대 조선 시대의 사냥꾼은 조총 보급 이전에는 군대용인 각궁角弓보다는 두 배

---

* 조선의 기본 법전이라 할《경국대전》에는 호랑이 포획에 대한 포상 규정이 마련되어 있다. 포획한 호랑이의 수뿐 아니라, 그 크기 및 쏘는 순서(첫 번째, 두 번째, 세 번째) 등에 따라 포상에 차등이 있었다. 호랑이는 대호大虎, 중호中虎, 소호小虎로 분류했고, 표범은 크기에 상관없이 소호 아래에 두었다.《경국대전》의 호랑이 1마리 포획에 대한 현물 포상 규정은, 예컨대 1마리 잡은 1등에게 면포綿布 6필을 지급하되, 매 등급마다 반 필씩 감했다. 1등은 대호를 처음 쏜 자, 5등은 중호를 두 번째로 쏜 자, 9등은 소호를 세 번째로 쏜 자에게 돌아가는 식이었다(김동진,《조선 전기 포호정책연구》, 선인, 2010, 159~160쪽 참조). 이처럼 세 번째로 화살을 쏘거나 창질한 자에게도 포상을 내린 규정으로 보아, 호랑이는 크기에 관계없이 화살과 창에 각각 무려 세 차례씩 맞아야 제압될 정도로 위협적인 존재였다. 물론 표범 포획자에게도 소호에 준해 포상했다.

고대, 한반도로 온 사람들

정도 큰 목궁木弓을 사용했으며, 그들 중 일부는 활보다 살상력이 훨씬 센 쇠뇌를 사용하기도 했다.[62] 이처럼 예맥족은 조선의 사냥꾼처럼 장창을 이용한 일상적인 수렵 활동으로 익힌 사냥 기법을 전투에도 활용해 '보전에 능숙하다.'라는 정보가 남았으리라 추정된다.

예맥의 특산물 중 하나인 단궁도 같은 예에 속한다. 표범 같은 맹수를 사냥하려면 부득이한 경우가 아니면 먼 곳에서 활을 쏘아 일차로 무력화시키고, 그러고나서 근접해서 창 등을 이용해 숨을 끊어야 한다. 그러지 않은 채 근접 거리에서 상대하면 사냥꾼 자신이 사냥감이 되기 십상이기 때문이다. 조선의 사냥꾼들은 이 때문에 목궁처럼 성능이 우수한 활이 필요했는데,[63] 예맥족의 단궁이 조선 시대 군대용 활인 각궁보다 우수한 활에 해당한다. "낙랑의 단궁은 그 지역에서 산출된다. 또한, 무늬 있는 표범이 있고 과하마果下馬가 있으며, 바다에서는 반어가 나는데 사절使節이 올 적에 빠짐없이 헌상한다."라는 《후한서》〈예전〉의 기록 속 과하마도 예맥족의 수렵 활동과 관련이 있다. "고구려의 말은 모두 몸이 작아서 산에 오르기에 편리하다."라는 《삼국지》〈고구려전〉의 기록의 의하면, 과하마는 예맥족의 주된 생활공간인 산악 지대에서 수렵하는 데 적합한 말이기 때문이다. 한편, 단궁 및 문표 가죽과는 달리, 반어의 가죽은 어로가 예맥의 주요 생계 수단 중 하나였음을 시사한다.

예맥족의 관습에도 그들의 주요한 생계 수단이 수렵 및 어로 활동이라는 사실이 반영되어 있다. "예맥의 풍속은 산천山川을 중요하게 여겨 산과 내마다 각기 구분이 있어서 함부로 들어가지 않는다."라는《삼국지》〈예전〉의 기록이 그 한 예다. 보다 구체적인 정보는《후한서》〈예전〉에 나오는데, "예의 풍속은 산천을 중요하게 여겨 산과 내마다 각 읍락邑落의 경계가 있어 함부로 서로 침범하지 않는다."라는 기록이다. 예맥 사회에서는 산과 내를 기준으로 각 읍락의 구역을 정해 서로 침범하지 않는 풍속이 있었다는 말이다. 농경민 사회처럼 논밭이 아니라 산천 단위로 경계를 삼는 예맥족의 관습이 생겨난 원인은 산과 내가 야생동물 사냥, 어로 활동 등을 하는 데 필수적인 자원의 보고였기 때문으로 보인다. 그만큼 수렵과 어로가 예맥족에게 중요한 생계 수단이었다는 정황을 방증한다.

예맥족의 생계 수단인 수렵과 어로는, 농업과 달리 인간의 노동으로 생산량을 크게 늘릴 수가 없었다. 따라서 예맥족에게는 농경민보다는 훨씬 넓은 생활공간이 필요했다. 앞서 본 대로, 예맥족의 활동 무대가 중국의 만주 지방을 비롯해 한반도의 거의 대부분 지역을 망라한 영역에 걸쳐 있었던 까닭은 바로 그들의 주요 생계 수단에서 비롯되었다고 보아야 한다. 단순 비교는 성립되지 않지만, 농사짓지 않는 유목민에게 얼마나 많은 초원이 필요한지를 상상해보면 알 수 있다.

그렇다고 해서 예맥족이 오로지 수렵 및 어로에만 생계를 의존하지는 않았다. 그들 중 일부는 농경에도 종사했다. 비록 오곡五穀을 재배했다고 명시하고 있지는 않지만, 앞서 본 "땅은 기름지다."라는 표현이 그들이 농경에도 종사했을 가능성을 시사한다. "삼베가 산출되고 누에를 쳐서 옷감을 만든다."라는 《삼국지》〈예전〉의 기록도 예맥 사회에서 농경이 이루어졌다는 정황을 알려준다.

무천舞天이라는 예맥의 제천 행사에서도 그들의 농경 생활을 짐작할 수 있다. 무천에 관한 기록은 "해마다 10월이면 하늘에 제사 지내는데, 밤낮으로 술 마시며 노래 부르고 춤추니 이를 무천이라고 한다."라고 《삼국지》〈예전〉에 나와 있다. 이 행사는 농경 사회의 추수 감사제의 전통을 이은 축제로서, 농작물 파종을 끝낸 5월과 추수를 마친 10월에 두 차례 하늘에 제사 지냈다는 삼한의 농경의례와 유사하다. 이런 행사는 생계 수단에서 농경이 차지하는 중요성을 시사하는 척도이기도 하다. "새벽에 별자리의 움직임을 관찰해 그해의 풍흉豊凶을 미리 안다."라는 〈예전〉의 기록도 예맥의 경제활동에서 농경이 한 축을 담당했음을 시사한다.

그럼에도 예맥족의 주요 생계 수단은 수렵과 어로였다. 그들의 주 활동 무대가 단단대령, 즉 현재의 낭림산맥을 분수령으로 해서 양쪽에 펼쳐 있는 산간 지대나 동해안 연안이었다는 《후한서》 및 《삼국지》〈예전〉의 지리 정보도 예맥의 이런 생계 수단과 부합한다. 반면, '예맥'을 '말갈'로 개서한 《삼국사기》는 그들의 경제활동 관련 정보를 전혀 제공하고 있지 않다. 다만, 《삼국사기》 말갈 관련 정보를 가지고 추정하면, 말갈족은 한강 및 임진강의 중상류 유역에 거주했으며 동해안 연안 지역도 그들의 터전이었다. 이 중 남대천南大川 등 연

어와 같은 회귀성 어류가 돌아오는 강 유역에 거주했던 예맥족에게
는 수렵보다는 어업이 더 유리했다고 보아야 한다.

04:

한반도 남부의
왜인

'왜인倭人'이라는 용어는《삼국지》〈동이전〉의 〈왜인전倭人傳〉에 처음 등장한다.《삼국지》〈왜인전〉은 일본 열도의 여러 소국을 간략히 소개하면서 야마타이고쿠邪馬台國의 히미코卑彌呼(?~248)가 이들 소국이 각축하던 3세기 일본의 혼란을 종식하였다고 전하고 있다. 히미코 시대인 3세기에는 한반도에도 일본 열도의 왜인과는 별도로 왜인이 존재하고 있었다. 당시 한반도의 왜인 역시 이미 느슨한 형태였겠지만 하나의 정치체를 형성했다고 판단된다.

고대 한반도에 대한 정보를 담은 중국 측 문헌 자료를 살펴보면 왜라는 정치체는 삼한 시대에 한반도 남부에 위치하고 있었다.《후한서》〈동이열전〉의 〈한전〉은 삼한과 왜의 경계를 이렇게 설명한다.

한에는 세 종류가 있으니, 첫째는 마한, 둘째는 진한, 셋째는 변진이다. 마한은 서쪽에 있는데 54국이 있으며, 그 북쪽은 낙랑군, 그 남쪽은 왜와 접해 있다[南與倭接]. 진한은 동쪽에 있는데 12국이 있으며, 그 북쪽은 예맥과 접해 있다. 변진은 진한의 남쪽에 있는데 역시 12국이 있으며, 그 남쪽은 왜와 접해 있다.

　이처럼 마한과 변한의 남쪽, 즉 한반도 남부에 왜인 세력이 존재하
고 있었다. "마한의 남쪽 경계가 왜와 가까워[近倭] 문신文身한 사람도
있다. …… 변진은 왜와의 거리가 가까워서 문신한 사람이 상당히 있
다."라는《후한서》〈한전〉의 기록도 왜인 집단이 마한과 변한의 남부,
즉 한반도 남부에 있었다는 정황을 알려준다. 이 기록 속의 왜는 그저
집단 거주지가 아니라 하나의 정치체를 이루고 있는 사회였다.

한반도 남부의 왜 존재를 알려주는 문헌 자료

3세기의 한반도 정보가 담긴《삼국지》〈동이전〉의 〈한전〉도《후한
서》〈한전〉과 거의 동일한 정보를 전하고 있다.《후한서》〈동이열
전〉이《삼국지》〈동이전〉을 토대로 기술되었다는 학계의 견해를 감
안하면 당연한 일이지만 말이다.《삼국지》〈한전〉의 해당 내용은 대
략 이러하다.

　한은 대방군의 남쪽에 있는데, 동쪽과 서쪽은 바다로 한계를 삼고, 남
　쪽은 왜와 접해 있으며[南與倭接], 면적은 사방 4,000리쯤 된다. 한에는
　세 족속이 있으니, 마한·진한·변진이며 진한은 옛 진국이다. 마한은
　삼한 중에 서쪽에 있다. …… 지금도 진한 사람의 머리는 편두編頭이고

왜와 가까운 지역이므로 남녀가 모두 문신을 하기도 한다. …… 변진
의 독로국瀆盧國은 왜와 경계가 접해 있다.

이 인용문도 《후한서》〈한전〉과 마찬가지로 왜인 세력이 삼한의
남쪽, 즉 한반도 남부에 존재하고 있었다는 정황을 알려준다. 예컨
대 "한의 남쪽은 왜와 접해 있다[南與倭接]."라는 구절은 왜가 한반도
밖이 아니라 한반도 안쪽, 즉 한의 남방인 한반도 남부에 존재했다
고 명시한다. 또한, "진한의 근처에 왜가 있다[近倭]." "독로국은 왜와
경계가 접해 있다[與倭接界]."라는 구절도 왜가 일본 열도뿐만 아니라
진한과 독로국 인근에도 있었다는 정황을 전해준다. 특히, 《삼국지》
〈한전〉은 변진, 즉 변한 12개국 가운데 하나인 독로국을 언급하고
있는데, 소국의 이름까지 구체적으로 명시할 정도로 신빙성을 강조
하고 있다고 보아야 한다.

지금껏 역사학계는 '왜는 일본 열도에만 있다.'라는 고정관념에서
《삼국지》와 《후한서》의 기록을 해석해왔기에, 이 정보가 알려주는 왜
의 위치를 무시했다. 이런 고정관념에서 벗어나 "삼한의 남쪽은 왜
와 접해 있다[南與倭接]."라는 구절을 해석하면, 이때의 왜는 도저히 일
본 열도에 있을 수 없다. '접接'은 육지 안에서 서로 경계하고 있을 경
우에 쓰는 말이지, 바다 건너 있는 지역을 가리킬 때 쓰는 글자가 아
니기 때문이다. 《삼국지》의 기록은 '바다[海]'로 동쪽과 서쪽의 경계를
표시했다. 따라서 만약 왜가 바다 건너에 있었다면 유독 남쪽 경계를

표시할 때만 바다를 생략할 이유가 없다. 왜가 바다 건너의 지역에 위치해 있다고 판단했다면, 한과 왜가 '바다를 격隔하고 있다.'라고 표기하지, 굳이 '경계를 접하고 있다.'라고 기록하지 않았을 테다.

이 문제와 관련해 "왜인은 대방군의 동남 대해 중에 있다. …… 대방군에서 왜에 이르려면 해안을 따라 한국韓國을 걸쳐 동남쪽으로 7,000여 리를 항해하면 왜의 북안北岸인 구사 한국狗邪韓國에 도달한다. 비로소 구사 한국에서 바닷길로 1,000여 리를 가면 대마도에 이른다."라는 《삼국지》〈왜인전〉의 기록도 주목된다. 이처럼 왜인의 거주지는 대마도가 아니라, 오늘날의 경상남도 김해시로 추정되는 구사 한국부터 시작된다. 따라서 이 당시 왜인은 일본 열도뿐만 아니라 구사 한국과 대마도 사이에도 거주했다고 보아야 한다. 그것이 아니라면, 한과 왜는 그 경계를 분명하게 구분할 수 없을 정도로 혼재해 있었다고 볼 수도 있다.

왜는 이렇게 변한과는 혼재하거나 인접해 있어서, 왜와 변한은 풍속을 공유하고 있었다. 《삼국지》〈동이전〉 속 "남녀노소 모두가 얼굴에 입묵入墨하고 문신을 한다."(〈왜인전〉) "마한의 남자 중 간혹 문신한 자가 있다. …… 변진(한)은 왜와 가까워 남녀가 문신을 한다."(〈한전〉) 등의 구절이 이런 상황을 알려준다. 《삼국지》〈동이전〉은 왜와 한의 문신 풍속을 전하면서 유독 왜와 변한의 친근성을 강조하는데, 이는 양자가 지리적으로 인접했기 때문이라고 해석된다. 반면, 마한의 남자 일부만 문신한 이유는 왜와 가까운 마한의 남쪽에서만 교류가 일

고대, 한반도로 온 사람들

어났기 때문으로 보인다. 따라서 왜와 한, 특히 변한의 지리 공간은 적어도 인접해 있었다고 보아야 한다.

《삼국지》〈한전〉에 나오는 다음의 기록은 한반도 내에도 왜의 세력이 있었다는 정황을 방증하는 귀중한 정보다.

후한 환제·영제 말기에는 한·예가 강성하여 군현이 제대로 통제하지 못하니, 군현의 많은 백성이 한국韓國으로 유입되었다. 건안 연간 (237~239)에 공손강이 낙랑군의 둔유현 이남의 황무지를 분할하여 대방군으로 만들고, 공손모·장창 등을 파견하여 한漢의 유민을 모아 군대를 일으켜서 한·예를 정벌하자 옛 백성들이 차츰 돌아왔다. 이 뒤에 왜와 한韓이 드디어 대방군에 복속되었다.

한韓과 예맥이 한漢 군현의 통제권에서 벗어나자, 중국 삼국시대 요동 지방의 실질적인 지배자인 공손강이 대방군을 설치하여 한·예를 정복하니, 한뿐만 아니라 왜도 대방군에 복속되었다는 내용이다. 당시 왜가 수천 리나 떨어진 바다 건너 일본 열도에 있었다면, 한반도 중북부에서 일어난 사건의 영향으로 왜가 대방군에 복속되는 일은 상상할 수도 없다. 실제로 근대 이전에 일본 열도를 침략한 나라는, 비록 시도에 그쳤지만, 유라시아의 대부분 지역을 정복한 몽골 제국밖에 없었다는 전례를 상기하면 더욱 납득하기 어렵다. 결국, 이 서술 역시 왜가 일본 열도가 아니라 한반도 내에도 위치했다고 보아야만 성립될 수 있다. 이처럼,《후한서》,《삼국지》등 중국 측 문헌 자료는 중국의 삼국시대인 3세기까지 중국 사서의 편찬자들이 '왜' 라고 부른 세력이 일본 열도뿐 아니라 한반도 남부에도 있었다는 정황을 증언하고 있다.

한반도 남부에도 왜 세력이 존재했다는 정황은 한국 측 문헌 자료에서도 확인된다. 먼저, 삼국 초기의 상황을 기록한 자료다.《삼국사기》는 "우리나라가 두 성인이 처음으로 임금이 되면서부터 인사人事가 안정되고 천시天時가 좋아서 창고는 가득 차고 사람들은 서로 존경하고 겸양하게 되었습니다. 그리하여 진한의 유민부터 변한, 낙랑, 왜인에 이르기까지 두려워하고 심복하지 않은 자가 없었습니다."(신라본기, 시조 혁거세거서간 38년)라고 기록하고 있다. 마한 왕이 속국인 신라가 공물을 바치지 않는다고 질책하자 신라 사신이 답변한 내용이다. 사신은 혁거세과 탈해 두 성인이 왕위에 오른 후 나라의 기틀이 세워져 왜 등 주변 정치체가 두려워서 심복했다고 강조했다. 그러나 당시 신라는 진한 소국 중 하나인 사로국에 불과했으므로, 아무리 강력한 군주가 등장했다 해도 바다 건너 왜를 복종시켰다고는 볼 수 없다. 따라서 이때의 왜는 사로국의 주변 지역에 위치했다고 봐야 한다.

보다 후대의 자료는 금관가야의 역사서인《본기本記》다. 해당 정보는《삼국유사》'금관성 파사석탑金官城婆娑石塔'조에 인용되어 있는데, 그 내용은 다음과 같다. "제8대 질지왕銍知王 2년(452) 임진壬辰에 이 땅에 절을 설치하고 또 왕후사王后寺를 세워 지금까지 여기서 복을

고대, 한반도로 온 사람들

받음과 동시에 남쪽의 왜까지 진압하였다. 모두 이 나라《본기》에 자세히 적혀 있다." 가야, 구체적으로 금관가야의 남쪽 일대에 존재하며 하나의 정치체를 유지하고 있던 왜를 452년에 금관가야가 복속시켰다는 이야기다.

이들 왜인, 즉 한반도 내의 왜 세력은 6세기까지도 한반도 남부에 존재했다.《본전本傳》을 인용한《삼국유사》'황룡사 9층탑黃龍寺九層塔' 조에는 "우리나라는 북으로 말갈과 이어져 있고, 남으로 왜인과 접해 있습니다."라고 기록돼 있다. 이 구절은 중국 유학 중인 자장慈藏이 636년(선덕왕宣德王 5년)에 한 신인神人과 만나 고국의 처지를 설명하던 중 언급한 말이다.《삼국유사》해당 조의 원전이 되는《본전》이 현재 전해지지 않아 어떤 자료인지는 알 수 없지만, 자장의 이 같은 증언은 6세기 무렵에도 왜가 신라의 남쪽 지역에 있었다는 단서는 제공한다.

한반도 남부의 왜 존재를 알려주는 고고학 자료

왜인이 한반도 남부에 거주했다는 단서는 고고학 자료에서도 찾아볼 수 있다. 일본 고고학자들은 일본 역사 중 한 시대를 '고분 시대'로 명명하고 있다. 이 시기에는 전방후원분前方後圓墳이라는 부르는 대형 고분, 즉 앞부분은 방형方形(사각형)이고 뒷부분은 원형圓形인 무덤이 전국에 걸쳐 조성되었기 때문이다. 가령 5세기 초에 축조된 오

해남 장고봉 소재의 전방후원분. 출처: 국립나주문화재연구소,《영산강유역의 고대고분》, 498쪽.

고대, 한반도로 온 사람들

사카 인근의 다이센大仙 고분은 길이가 무려 486미터에 달한다. 전방후원분은 3세기 후반 일본 열도의 왜 세력의 중심지인 나라 지역에서 처음 등장한 후 점차 그 범위를 확대해 7세기까지 일본 전역에서 출현했다.

이 전방후원분을 비롯한 '왜 계통 고분'이 한반도 남부 일대에도 산재해 있다. 지금까지 왜 계통 고분은 경남 거제도에서 전북 고창에 이르는 넓은 지역에서 40여 개가 조사·보고되었다. 특히 영산강 유역과 해남 반도, 그리고 경남 해안 지역과 남강 유역 일대에 집중 분포되어 있다.[64] 이곳의 왜 계통 고분은 동그란 형태, 즉 원형 무덤인 원분圓墳과 전방후원분이라는 두 가지 형태가 있는데, 전방후원분은 영산강 유역에 집중 분포되어 있으며 원분은 한반도 남부 일대에 산재해 있다.

원분이든 전방후원분이든 왜 계통 고분의 내부 시설, 즉 매장 시설로 한정하면 수혈식 석곽石槨과 횡혈식 석실石室로 구분된다. 수혈식 석곽을 매장 시설로 사용한 무덤으로는 마산 대평리 1호분, 고흥 안동 고분, 고흥 야막 고분, 해남 외도 1호분 및 신월리 고분, 신안 배널리 3호분, 영암 장동 1호분, 무안 신기 고분 등을 들 수 있다. 그 밖에는 모두 횡혈식 석실이다. 수혈식 석곽 무덤은 횡혈식 석실을 이용한 고분이 등장하기 이전에 조성되었다.[65]

이 중 횡혈식 석실을 사용한 전방후원분은 삼한 재지 수장층在地首長層의 고분보다 훨씬 규모가 크다. 해남 장고봉 등 14개 유적에서

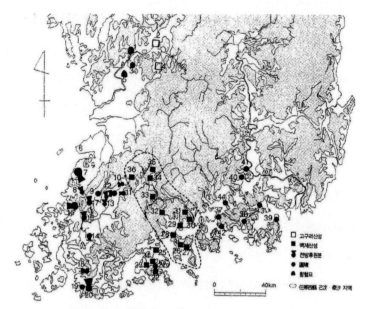

1. 공주 단지리횡혈묘 / 2. 청원 남성골산성 / 3. 공주 인영리횡혈묘 / 4. 대전 월평동산성 / 5. 부여 농신리 횡혈묘 / 6. 부안 죽막동제사유적 / 7. 고창 칠암리고분 / 8. 영광 월계고분 / 9. 장성 명천리고분 / 10. 담양 고성리고분 / 11. 담양 성월리고분 / 12. 함평 장고산고분 / 13. 함평 신덕고분 / 14. 함평 표산고분 / 15. 광주 월계동 1, 2호분, 광주 쌍암동고분 / 16. 광주 명화동고분 / 17. 영암 자라봉고분 / 18. 해남 용두리고분 / 19. 해남 조산고분 / 20. 해남 장고산고분 / 21. 고흥 안동고분 / 22. 고흥 독치성 / 23. 고흥 한동리산성 / 24. 고흥 백치성 / 25. 고흥 남양리산성 / 26. 여수 고락산성 / 27. 여수 척산성 / 28. 순천 검단산성 / 29. 광양 마로산성 / 30. 광양 봉암산성 / 31. 광양 불암산성 / 32. 순천 성암산성 / 33. 구례 동선산성 / 34. 구례 합미산성 / 35. 남원 척문리산성 / 36. 순창 홀어머니산성 / 37. 사천 선진리고분 / 38. 고성 송학동1호분 / 39. 거제 장목고분 / 40. 의령 운곡리1호분 / 41. 의령 경산리1호분 / 42. 사천 향촌동 II-1호분 / 43. 창원 대평리 M1호분 / 44. 진주 원당리1호분

6세기 전반 왜계 고분의 분포. 출처: 이주헌, 〈가야지역 왜계고분의 피장자와 임나일본부〉, 《지역과 역사》 35, 2014.

15기가 조사 보고된 전방후원분의 길이가 30~80미터 정도다.[66] 한반도와 인접한 일본 규슈 지역 전방후원분은 평균 50미터로, 비슷한 규모를 보이고 있다. 이 정도의 고분을 축조하려면 삼한 수장층의 전통적인 무덤을 조영할 때보다 훨씬 많은 노동력을 동원해야 했다

고대, 한반도로 온 사람들

고 보아야 한다. 따라서 전방후원분의 주인공은 삼한의 수장층을 압도할 정도의 인적·물적 기반을 가지고 있었다고 볼 수 있다.

기존 한국 학계는 일본 열도에만 분포하는 독특한 무덤 양식으로 간주된 전방후원분 등 왜 계통 고분이 한반도 남부 일대에도 산재해 있는 상황에 대해, 그 존재를 의도적으로 회피하거나 부정하려는 경향을 보였다. 왜가 고대에 한반도 남부를 지배했다는 '임나일본부설'의 근거가 될 수 있다는 이유 때문이었다.

이들 왜계 고분의 대부분은 삼한 수장층의 묘역이 없는 곳에 단독으로 조성된 뒤, 연이어 축조되지 않고 단발로 그치고 있다. 그러나 일부는 연이어 조영되면서 고분군을 형성하고 있으며, 삼한 수장층

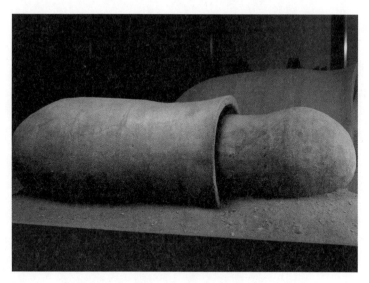

널용 옹관. 출처: 국립광주박물관, 《나주반남고분군》, 1988, 249쪽.

의 묘역 내에 조성된 무덤도 있다.[67] 이런 이유로, 왜 계통 고분의 주인공이 누구인가에 관해서는 재지 수장설과 왜인설로 양분되어 있다. 재지 수장설은 이른바 재지 수장층(왜인 세력은 일부이든 다수든 이미 토착한 상태로 보아야 한다.)이 백제의 진출에 대항하는 와중에 왜와의 동맹관계를 나타내는 정치적 표상으로 일시적으로 전방후원분을 채용했다는 주장이다. 이 같은 견해는 전방후원분이 수장층의 무덤이 조성되지 않은 지역에서 돌연 출현했다는 비판에 직면할 수밖에 없다. 아울러 전방후원분의 인접 지역에서 대형 옹관甕棺을 널[棺]로 삼은 재지 수장층의 전통적인 무덤 양식인 옹관묘가 유지되고 있었다는 점에서 더욱 설득력을 잃는다.[68]

만약 해당 지역의 마한 수장층이, 동맹 세력인 왜가 배후에 있으니 자신들의 영역을 넘보지 말라고 백제에게 경고하는 정치적 표상으로 전방후원분을 채용했다면, 당연히 자신의 무덤은 조상의 묘역에 조성해야 한다. 그러나 대부분의 왜 계통 고분은 별도의 공간에 세운 무덤이다. 따라서 그들은 종래의 마한 수장층과는 계통을 달리하는 집단의 수장이라고 볼 수밖에 없다. 혈통을 최고의 가치로 여긴 당시 지배층의 관념 체계상, 단지 새로운 묘제를 수용했다고 해서 조상 대대로 쓰던 묘역이 아닌 곳에 무덤을 만든다는 사고방식은 도저히 용납될 수 없기 때문이다. 따라서 전방후원분을 비롯한 왜 계통 고분의 주인은 왜인으로 보아야 한다.

다만, 나주 복암리 3호분과 고성 송학동 1호분은 재지 수장층의 고분군인데도 묘역 안에 왜 계통 횡혈식 석실도 조성되어 있다. 송학동 1호분은 3개의 원형 무덤으로 이루어졌는데, A호분(1-A호분)이 조성된 뒤 B호분(1-B호분)이 조성되고, 그 사이에 C호분(1-C호분)이 조성되었다. 이 중 B호분이 왜 계통 석실 고분이다. 이 같은 배치 양상은 B호분이 기존 재지 수장층의 분구墳丘 내에 추가되고 그 뒤에 C호분으로 명명된 다른 석실이 조성되었음을 뜻한다. 복암리 3호분의 구조도 이와 같다. 가장 긴 변이 40미터에 높이가 6미터인 복암리 3호분에서는, 재지 수장층의 무덤 양식인 옹관묘를 비롯해 목관, 석관, 석실 등 400여 년에 걸쳐 조성된 다양한 양식의 매장 주체부가 41기나 확인되었다. 이 가운데 96석실이 왜 계통 석실이다.[69]

이렇게 송학동 1호분 중 B호분과 복암리 3호분 중 96석실은 왜 계통 원분인데도 재지 수장층의 묘역 안에 조성되었다. 왜 계통 고분이 대부분 삼한 수장층 묘역이 아닌 곳에 단독으로 분포되어 있는 정황을 고려하면 이채로운 일인데, 두 고분이 이런 형태를 띠는 이유는 이른바 재지 수장층이 왜 계통 묘제를 채택했기 때문으로 보인다. 예컨대 복암리 3호분 96석실은 왜계 석실이지만 그 내부에서 4기의 옹관이 출토되어 그 주인공이 기존 토착 세력자임을 말해주기 때문이다.[70]

한편, 함평 마산리 표산 고분군은, 중심에 위치한 전방후원군과 그것을 둘러싼 15기의 원분으로 이루어졌다. 전방후원분은 구릉의 가장 높은 곳에 위치하고 1·4·5호분이 전방후원분의 주구周溝*를 파괴하고 조성되었다. 따라서 고분군 중 전방후원분이 가장 먼저 축조되었다고 할 수 있다. 다시 말해, 전방후원분을 필두로 고분군이 형성되었다고 볼 수 있다. 전방후원분이 원분과 무리를 이루며 집단 조영된 사례는 영산강 유역의 표산 고분군이 유일하지만, 하나의 무덤이 조성된 후 같은 분구를 이용해 원분들이 추가 조성된 사례는 또 있다. 그중 하나가 의령 운곡리 고분군이다. 왜 계통 석실 원분인 1호분이 축조된 뒤 같은 분구를 계속 이용해 무덤들이 추가 조성되면서 고분군을 형성하게 되었다. 이런 유형은 전방후원분이나 원분이 단독 조성에 그치지 않고 왜 계통 석실을 중심으로 무리를 이루며 고분군을 형성하고 있다는 특징을 갖는다.[71]

이런 식의 고분군을 형성하는 유형으로는 표산 고분군과 운곡리 고분군을 비롯해, 해남 방산리 장고봉 고분, 함평 예덕리 신덕 고분, 담양 고성리 월성산 고분, 사천 향촌동 Ⅱ-1호분, 의령 경산리 1호분 등을 들 수 있다. 광주 월계동 고분 역시 2기의 전방후원분이 같은 묘역에 조영되어 있어 동일한 유형으로 볼 수 있다. 앞서 언급한 대로, 전방후원분을 비롯한 왜 계통 고분 다수는 재지 수장층의 무덤이 존재하지 않는 곳에 단독으로 조영되어 있다.

이렇듯이, 단독 고분이든 고분군이든, 그 무덤 양식이 전방후원분

---

* 전방후원분의 경우, 봉분의 외연을 따라 도랑을 판 형태가 발견되는데, 그 도랑을 주구라 한다. 도랑이라 해도 실제로 물이 흐른 흔적은 없기 때문에, 그 기능은 일차적으로 무덤을 조성하는 과정에서 봉토를 쌓아올릴 흙을 채취한 것으로 보이며, 이차적으로는 무덤의 묘역을 구분하기 위한 것으로 보인다.

고대, 한반도로 온 사람들

이든 원형 고분이든, 왜 계통 고분의 주인공은 왜인이라고 판단해도 그리 문제가 되지 않는다. 그렇다면, 한반도 남부 일대에 산재한 이들 왜 계통 고분의 대부분이 단독 조성으로 끝난 이유는 무엇일까? 또, 일부는 연속 조성되어 고분군을 형성한 이유는 무엇일까?

단독 고분을 조성한 주인공은 주변의 이른바 재지 세력에게 흡수된 왜인 집단이었다고 추정된다. 그렇지 않다면 고유한 묘제를 버리고 새로운 양식을 채용할 수 없기 때문이다. 반대로, 주변의 재지 세력을 압도했거나 조상의 묘역을 유지할 때까지 최소한 기존 세력을 그대로 유지한 왜인 집단은 고분군을 형성했다고 본다.

신라와 백제를 압도한 왜

한반도의 왜 세력이 등장하는 한국 측 자료 중 가장 중요한 것은 5세기 초의 〈광개토왕릉비문廣開土王碑文〉이다. 광개토왕의 아들 장수왕이 414년에 부왕의 업적을 후세에 알리려고 세운 광개토왕릉비는 높이가 6.39미터, 무게가 37톤에 달하는 거대한 응회암인데, 가공하지 않아 겉면이 울퉁불퉁하다. 4면의 총 글자 수는 원래 1,805자인데 이미 마모되어 판독할 수 없는 글자가 141자다.

비문 내용은 세 부분으로 나눌 수 있다. 첫째 부분에는 고구려 건국 신화와 왕실의 내력, 광개토왕의 행장, 그리고 비를 세운 목적을 간단히 기록했다. 둘째 부분은 광개토왕 정복 사업의 이유와 과정

그리고 결과를 열거하고 있는데, 거란과 백제를 정벌하고 신라에 침입한 왜를 격퇴해 신라를 구했으며 동부여 등을 멸망시켜 정복한 지역이 총 64성 1,400촌이라는 내용이다. 셋째 부분은 왕릉을 관리하는 묘지기에 관한 상세한 규정이다. 이런 정보는 후대의 역사서에는 거의 보이지 않는데, 1145년에 편찬된 한국 측 최고最古의 역사서 《삼국사기》보다 731년이 빠른 당대의 1차 자료로 그 가치를 인정받고 있다.

1971년에 출간한 재일교포 사학자 이진희李進熙의 《광개토대왕비의 연구廣開土王陵碑の研究》라는 책이 아무도 예상하지 못했던 반응을 일으켰다. 광개토왕릉의 비문이 의도적으로 변조되었다는 주장이 이 책의 요지다. 일본이 일찍이 한반도를 지배했다는 증거로 삼기 위해 일본군 참모본부가 1900년 무렵부터 세 차례에 걸쳐 비를 변조했으며, 이렇게 변조된 부분이 문제의 '신묘년'조의 "바다를 건너오다[來渡海]" 등 16곳, 25자에 달한다는 주장이다. 일본군 참모본부가 한반도 침략의 명분으로 삼기 위해 조작했다는 주장은 그 진위 여부에 관계없이 한일 양국에 상당한 충격을 주었다.

중국 학자 왕젠췬王健群은 1972년, 1979년 그리고 1981년 세 차례에 걸쳐 직접 광개토대왕비를 조사한 연구 결과를 토대로 1984년 펴낸 저서 《호태왕비 연구好太王碑研究》에서 대규모 비문 조작은 불가능하다고 결론을 냈다. 그는, 당시 청나라 정부가 약화되었다고 해도 자국 영토 안에서 일본군이 이런 작업을 하기는 불가능했다고 주장했다. 왕젠췬의 주장에 따르면 비문의 훼손은 다음과 같은 이유로 이루어졌다. 광개토왕릉비가 발견된 뒤 중국의 몇몇 금석학자가 탁본을 뜨기 시작했는데, 그 작업은 현지에 살던 어느 농부가 독점하고 있었다. 그 농부는 비문을 두텁게 덮고 있던 이끼를 제거하고자 말똥을 바르고 불태워보았지만 여전히 겉면이 울퉁불퉁해 탁본 뜨기가 쉽지 않았다. 그런 상황에서 탁본을 떠달라는 사람이 늘어나자 그는 작업을 손쉽게 하려고 석회를 발랐다. 그는 획이 분명하지 않은 글자는 사코 가게노부酒句景信의 탁본을 참고해 석회를 발라 선명하게 만들었는데, 이 과정에서 본의 아니게 몇몇 글자가 바뀌는 일이 발생했다. 그 농부가 참고한 탁본, 즉 1883년 일본군 참모본부 소속인 사코 중위가 뜬 탁본을 쌍구가묵본雙鉤加墨本 또는 묵수곽전본墨水廓塡本이라고 한다.

한일 두 나라 사이에는 비문 내용 중 왜와 삼국에 관한 기록을 어떻게 이해해야 하는가를 두고 논쟁이 촉발되었다. 최대 쟁점은 저 유명한 신묘년辛卯年(서기 391, 광개토왕 1, 백제 진사왕 7, 신라 내물왕 36) 기사에 관한 해석이다. 비문 조작설을 처음 제기한 이진희는 "왜가 신묘년 이래 바다를 건너와서 백제를 파했다[倭以辛卯年來 渡海破百殘]" 중 '도해파渡海破'라는 구절 자체가 조작되었다고 주장했다. 그는 왕젠췬의 책이 나온 다음 해인 1985년에 현지 조사를 한 뒤에도 '해海'는 '명皿'의 자획이며 '도渡' 자도 확실치 않다면서 자신의 주장을 철회하지 않았다. 이진희의 이 주장이 옳다면, 뒤에서 살펴보겠지만 스에마쓰 야스카즈末松保和의 임나일본부설은 사상누각이 되는 격이다. 그가 비문의 이 구절을 결정적인 증거로 내세웠기 때문이다.

왜가 바다를 건너 한반도를 공격했다는 사실을 굳이 부정하고 싶지 않았던 일본인 학자들이야 저 구절을 액면 그대로 받아들였지만, 비문 조작설을 인정하는 학자들은 물론, 조작설을 부인하는 한국과 중국의 학자들까지 이 구절은 작은 사실을 과장한 표현일 뿐 역사적 사실은 아니라고 부정하고 있다. 현재로서는, 학자들에 따라 '신묘년' 조에 관한 해석은 제각기 다르며, 각자의 주장을 여전히 고수하고 있다. 비문의 마모가 심해 현존 비문 자체를 보아서는 도저히 확인할 수도 없기 때문에 합치된 견해를 도출하기란 난망하다. 결국 이 문제는 자구 하나하나의 해석에 매달리기보다 비문의 전체적인 내용과 당시의 여러 상황을 종합적으로 검토할 때만 해결될 수 있을 듯하다.

비문의 다른 기사에 따르면, 왜는 당시 동북아시아의 패자로 군림하던 고구려에 도전할 정도로 강력한 세력을 유지하고 있었다. 이런 사정은 비문의 다음 기사에서 확인할 수 있다.

영락 9년 기해己亥에 백제가 맹세를 어기고 왜와 화통했다. 그러자 왕이 평양을 돌아보려고 내려갔다. 그때 신라 왕이 사신을 보내어 아뢰기를, "왜인이 우리 국경에 가득 차 성지城池를 부수고 노객奴客(신라 왕)을 왜의 백성으로 삼으려 하니, 이에 왕께 귀의歸依하여 구원을 요청합니다."라고 했다. …… 10년 경자庚子에 왕이 보병과 기병 도합 5만 명을 보내어 신라를 구원하게 했다. 남거성男居城을 거쳐 신라성에 이르기까지 그 안에 왜적이 가득했다. 고구려의 관군이 바야흐로 도착하니 왜적이 물러났다. 관군이 그 뒤를 급히 추격하여 임나가라任那加羅의 종발성從拔城에 이르자 종발성이 곧 항복했다. …… 왜구가 크게 무너졌다.

백제와 친선 관계를 맺은 왜가 신라를 침략하자, 고구려가 원군을 보내 왜군을 격파했다는 내용인데, 주목할 대목은 고구려가 신라를 침입한 왜를 격퇴하는 데 동원한 병력이 무려 5만 명이나 되었다는 정보다. 이 정도의 대병력을 보내야만 왜군을 물리칠 수 있다고 판단했다는 얘기인데, 당시 왜가 한반도의 역학 구조를 좌지우지할 만한 역량을 가졌다고 해석할 수 있다.

패배한 지 4년 만인 404년에 왜는 아예 고구려 본토를 공격한다. 이런 사정은 다음 같은 영락 14년의 비문 구절이 확인해준다. "왜가 법도를 지키지 않고 대방 경계를 침입했다. …… 왕이 몸소 군대를 이끌고 평양을 거쳐 □□□로 나아가 서로 맞부딪치게 되었다. 왕의 군대가 적의 길을 끊고 막아 좌우로 공격하니, 왜구倭寇가 궤멸했다." 왜가 대방군의 옛 땅을 침범하자 광개토왕이 직접 군사를 동원해 격파했다는 내용이다. 왜의 고구려 공격은, 고구려를 제압하지 않고는 한반도 남부에서 자신의 패권을 유지할 수 없다는 전략 차원에서 단행되었다고 판단된다. 왜의 고구려 원정군 규모도 광개토왕이 친정했을 만큼 위협적이었다.

한반도 남부에서 패배한 지 불과 4년 만에 대군을 조직해 북부의 고구려를 침략할 정도였으니, 당시 한반도에서 왜가 차지한 위상은 쉽게 짐작할 만하다. 또한 앞선 신라 침략 때에도, 전체는 아니었지만 신라는 물론 가야 지역을 점령했을 정도였다. 당시 왜가 신라나 가야를 압도하고 있었음을 알 수 있다. 이때 왜는 백제와의 역학 구도에서도 우위를 차지하고 있었다. 이처럼 왜가 강력한 세력을 유지한 채 한반도에서 막강한 영향력을 과시하고 있었다는 정황은《삼국사기》기록에서도 확인할 수 있다.

《삼국사기》신라본기 실성왕 1년(402)의 "왜국과 우호 관계를 맺고, 내물왕의 아들 미사흔未斯欣을 인질로 보냈다."라는 기사는 국내 역사학자들이 무시하고는 하는 내용이다. 그러나 이 정보는 당시 신라의 실성왕이 내물왕의 아들이자 자신의 동생인 미사흔을 인질을 보내고서야 왜와 화친할 수 있었음을 보여준다. 당시 신라의 가장 큰 골칫거리는 왜의 계속된 침공이었다. 그로 인해 나라의 운명이 불분명해지는 상황까지 처하자, 실성왕은 왜에 자신의 아우를 인질로 보내면서까지 친선 관계를 구축해야 했다.《삼국사기》에 따르면 백제 역시 왜에 인질을 보냈는데, 백제본기 아신왕 6년(397)의 "왕이 왜국과 우호 관계를 맺고 태자 전지腆支를 인질로 보냈다."라는 기록이 해당 내용이다. 태자 전지는 아신왕이 죽자 그 대를 이어 왕위에 오른 전지왕으로, 백제는 왕위 계승자를 인질로 보내면서까지 왜와 우호 관계를 유지하려 했다.

고대, 한반도로 온 사람들

이처럼, 당시 한반도 남부의 왜는 백제와 신라를 영향력 아래 두고 고구려의 남하 정책에 맞서 싸운 강력한 정치체였다.《삼국사기》에 등장하는 왜에 관한 기사는 이런 추세를 시사해준다. 왜 관련 정보는《삼국사기》에 자주 등장하는 편이다.《삼국사기》 신라본기는 혁거세 8년(기원전 50)부터 소지마립간 22년(500)까지 450여 년 동안 49회에 걸쳐 왜 관련 기사를 전하고 있다. 그중 33회가 왜의 신라 침략 기사다. 왜가 백제 및 신라와의 역학 구도에서 우위를 점하고 있었다는 정보가《삼국사기》에도 등장하고 있으므로, 〈광개토왕릉 비문〉의 신묘년 기사가 역사적 사실이 아니라는 주장은 그다지 설득력이 없다고 보아야 한다.

한국 학계의 일반 견해는 이들 침략의 주체인 왜인이 그저 물품이나 인간을 약탈하는 해적 집단이라고 치부해왔다.[*] 그러나 당시 정황을 보면 그리 볼 수만은 없다. 예컨대, 왜가 신라의 수도 금성을 포위한 사례가 네 차례나 된다. "왜인이 갑자기 와서 금성을 포위했다. 왕이 친히 나아가 싸우니 적이 흩어져 도망하매, 날쌘 기병을 보내 추격하여 1,000여 명의 수급首級을 얻었다."(233년. 조분이사금助賁尼師今 3년) "왜병이 갑자기 풍도風島에 이르러 변방의 민가를 노략질하고 또

---

[*] 학계의 종래 주장들은 최재석의 〈삼국사기 초기 기록에 나타난 왜에 대하여〉(《한국학연구》 12(고려대학교 한국학연구소, 2000, 46~47쪽)에 잘 정리되어 있다. 광개토왕이 회군 때 원정의 전리품으로 포로를 끌고 오는 행위는 '대고구려'의 상징으로 간주하고 왜의 이런 행위는 해적질이라고 폄하한 학계의 견해 역시 자국사 중심 역사관의 산물이라고 할 수 있다.

다시 금성을 에워쌌다."(247년. 흘해이사금訖解尼師今 37년) "왜인이 와서 금성을 포위하고 5일 동안 풀지 않았다."(394년. 내물이사금 38년) "왜인 이 금성을 10일 동안 에워쌌다가 식량이 떨어져 그만 돌아갔다."(445 년. 눌지마립간 28년)라는 기록 등이다. 조분왕 시절 양국의 전투 중 왜 군의 사망자만 1,000명이었으니 금성 포위전 때 동원된 왜군의 규 모를 대충 짐작할 수 있다.

이처럼 왜는 그저 변방 지역이나 약탈하는 무리가 아니라, 대규모 원정군을 조직해 수도 방어선을 돌파하고 직접 신라의 도성인 금성 을 공격할 만큼의 국력을 가진 정치체였다. 더구나 "왜인이 병선 100 여 척을 이끌고 동쪽 변경을 습격하고 나아가 월성月城을 포위했다." 라는《삼국사기》자비마립간 2년(459)의 기록에 의하면, 궁궐인 월성 을 포위 공격한 적도 있다.

왜의 위상은 신라 측의 피해 규모에서도 엿볼 수 있다. "왜인이 일 례부一禮部를 습격하여 불 지르고 1,000명을 사로잡아갔다."(《삼국사 기》, 신라본기, 유례이사금儒禮尼師今 4년) "왜인이 활개성活開城을 쳐부수고 1,000명을 사로잡아갔다."(신라본기, 자비마립간 5년)라는 기록 등에서 그 피해 규모를 확인할 수 있다. 기록 내용을 액면 그대로 보면, 1,000 명에 달하는 포로를 끌고 갈 만큼 왜인 부대의 규모가 컸다. 당시 신 라가 불법천지도 아니고 국가 체제가 정상적으로 작동하고 있었음 을 고려하면 더욱 그러하다.

서기 500년 이후 170년 동안《삼국사기》신라본기에서는 왜에 관한 기사가 보이지 않다가 670년(문무왕 10)에야 다시 나타난다.《삼국사기》백제본기에도 왜 관련 기록이 397년(아신왕阿莘王 6)에 처음 등장해 428년(비유왕毗有王 2)까지 7회 등장한 뒤 180년 동안 보이지 않다가 608년(무왕武王 9)에 다시 나타나 마지막 왕인 의자왕 시절에 두 차례 등장한다.

백제 비유왕 2년(428)과 신라 소지왕 22년(500) 이후 왜와 관련된 기사가《삼국사기》에서 장기간 사라진 이유는, 이 무렵부터 왜가 한반도 내의 역학 구도에서 차지하는 위상이 크게 약화되었기 때문이라고 판단된다. 물론 왜의 세력이 추락한 주된 원인은 고구려와 두 차례 전쟁에서 패배했기 때문이다. 고구려와 전쟁에서 패한 뒤 한반도 내의 경쟁 관계에서 거의 영향력을 발휘하지 못할 정도로 크게 약화된 왜를 주변 국가가 가만둘 리가 없었다. 먼저 행동을 취한 나라는 가야였다. "제8대 질지왕 2년(452) 임진에 이 땅에 절을 설치하고 또 왕후사를 세워 지금까지 여기서 복을 받음과 동시에 남쪽의 왜까지 진압했다."(《삼국유사》, 금관성 파사석탑)라는 기록은 왜가 금관가야의 세력권에 편입되었음을 보여준다.

《삼국사기》에 등장하는 가야 관련 정보도 가야와 왜의 역전 현상에 대한 단서를 제공한다. 가야 관련 기사는《삼국사기》신라본기에 총 20회 나온다. 가야 관련 정보는 신라본기 탈해이사금 21년(77)에 처음 등장해 계속 이어지다, 신라본기 진흥왕 23년(562)의 기사를 마지막으로 자취를 감춘다. 이유는 물론 가야 제국이 멸망했기 때문이지만, 멸망 이전에도 《삼국사기》에는 가야 관련 정보가 무려 280년 동안 전혀 등장하지 않는다. 가야 관련 기사는 《삼국사기》 신라본기 내해이사금 17년(212)에 등장한 뒤 갑자기 사라졌다가 소지마립간 3년(481)에 와서야 다시 등장한다.

가야 관련 기사가 《삼국사기》에서 이렇게 장기간 사라진 까닭은 무엇일까? 그것은 고구려와의 전쟁에서 큰 타격을 입은 왜가 가야에 예속된 뒤 왜에 관한 정보가 《삼국사기》 신라본기에서 500년 이후 자취를 감춘 것과 같은 맥락으로, 《삼국사기》에서 가야 관계 정보가 사라진 동안 가야 역시 사실상 왜 세력의 복속 상태에 처했을 가능성이 크다고 보아야 한다. 신라 입장에서는 왜든 가야든 패권을 장악한 정치체만 기록할 뿐, 굳이 복속된 정치체에 관한 기록을 남길 필요가 없었다. 때문에 신라 측 자료를 이용해 가야 및 왜 관련 정보를 서술한 《삼국사기》 편찬자들도 왜 또는 가야가 복속된 기간 동안의 관련 기사를 누락할 수밖에 없었다.

현재 가야 영역으로 알려진 지역에서는, 애초에는 왜와 가야가 공존하다가 왜가 먼저 패권을 장악했지만, 고구려와의 전쟁에서 패한 뒤 오히려 가야에게 주도권을 상실했다고 판단된다. 비록 가야의 통제에 들어가기는 했지만, 한반도 남부에 존속해온 왜라는 정치체는 어느 정도 독자성과 정체성을 유지하고 있었다. 이런 정황은 "우리나라는 북으로 말갈과 이어져 있고[北連靺鞨], 남으로는 왜인과 접해 있습니다[南接倭人]."(《삼국유사》, 황룡사9층탑)라는 자장의 언급에서 엿볼 수 있다. 이 내용은 636년에 자장이 신인과 대화하던 중 나오는 말이니, 이때까지도 왜는 한반도 남부에 잔존해 있었다고 보아야 한다.

한반도 남부의 연고권을 주장한 왜국 왕들

5세기 이후 한반도 남부의 왜 세력이 약화되자 일본 열도의 왜 왕은 한반도 남부에 대한 연고권을 주장했다. 한반도 남부의 왜가 과거에 차지했던 위상을 근거로 내세운 주장이었다. 《송서宋書》[*] 〈왜국전〉을 보면, 438년 왜 왕 진珍이 처음 남송南宋(420~479)에 사신을 파견해 작호爵號를 요청했지만 실패한다. 그 뒤에도 이런 외교 활동은 몇 차례에 걸쳐 이루어져, 마침내 송 왕조는 왜倭, 신라新羅, 임나任那, 가라加羅, 진한秦韓, 모한慕韓 등을 관할하는 '도독 6국 제군사都督六國諸軍事'라는 장군호를 왜 왕에게 수여해 한반도 남부의 연고권을 인정했다. '도독 6국 제군사'는 이들 여섯 나라와 지역의 군사 지휘권 내지 통수권을 지닌 작호다.

5세기 전후 고구려, 백제, 왜 등은 중원 왕조에 조공하면서 경쟁적으로 작호의 제수를 요청했다. 이 중 중심 작위가 바로 장군호將軍號다. 본래 장군호는 중원 본토에 한해 임시로 병권을 장악할 수 있도록 수여하고는 했는데, 전한 때부터 상설직이 되었다. 이후 많은 종

---

[*] 487년 남제南齊 무제武帝의 칙명에 따라 심약沈約이 488년에 편찬한 송나라(420~478)의 정사. 제기帝紀 10권, 지志 30권, 열전 60권, 도합 100권으로 이루어졌다.

류의 장군호가 수여되었으며, 특히 남북조 시대에는 수십 종의 새로운 장군호가 등장했다. 게다가 도독이 치소治所가 있는 중심 주州의 칙사勅使를 겸하게 되면서, 도독은 군사권과 함께 행정권마저 장악했다. 이런 겸직과 남설濫設은 중앙의 통제가 취약해진 남북조라는 대분열 시대의 산물이기도 하다.[72] 왜 왕 진이 중국 남송에 조공하면서 작호를 요청한 이후 일본 열도의 왜 왕들은 주기적으로 중국 남조 왕조들에 사신을 보내 작호를 요청했다. 가령 왜 왕 진과 제濟는 각각 438년과 451년에 남송에 '도독 왜·백제·신라·임나·진한·모한 6국 제군사 안동장군安東將軍 왜국 왕'이라고 자칭하면서 같은 작호의 사용을 요청했다. 당시 남송은 백제와 외교 관계를 맺고 있었기 때문에 백제를 빼는 대신 가라를 추가해 '도독 왜·신라·임나·가라·진한·모한 6국 제군사 안동장군 왜국 왕'이라는 작호를 왜 왕 제에게 수여해 한반도 남부의 연고권을 인정해주었다. 왜 왕 무武도 478년에 '도독 왜·백제·신라·임나·가라·진한·모한 7국 제군사 안동대장군 왜국 왕'을 자칭하면서 같은 작호의 승인을 요청했다. 남송은 이번에도 백제를 제외한 '도독 왜·신라·임나·가라·진한·모한 6국 제군사 안동대장군 왜국 왕'이라는 작호를 제수했다.[73]

이렇게 5세기의 왜 왕들은 고구려를 제외한 한반도에 대한 연고권을 주장했으며, 중국 왕조는 백제를 제외한 '도독 왜·신라·임나·가라·진한·모한 6국 제군사'라는 장군호를 제수해 한반도 남부의 연고권을 승인해주고는 했다. 그런데 중국의 남조가 왜의 요청을 받아

고대, 한반도로 온 사람들

들여 장군호를 왜 왕에게 수여한 이유는 무엇일까?

진晉(265~316)이 멸망한 뒤 망명 왕조가 양쯔강[長江] 이남, 즉 강남에 세워졌다. 강남의 진은 이전의 서진西晉과 구별해 동진東晉(317~420)이라고 부른다. 이로써 남북조 시대가 개막되는데, 이때부터 중국 대륙은 항상적인 전쟁 상태에 빠져들었고 대규모의 난민이 주기적으로 발생하고는 했다. 진 조정을 따라 내려온 유민流民을 시작으로, 호족胡族의 거듭된 중원 침략 때문에도 유민의 행렬이 이어졌다.

동진, 남송 등 남조의 최대 현안은 유민의 정착 문제였다. 남조는 그들의 정착지에 군현郡縣을 설치해 안주시켰다. 이때 조정은 일정 정도 규모로 조직된 유민 집단의 정착지에 그 연고지를, 즉 출신지(본적지) 군현의 이름을 새로 설치한 군현에 붙였다. 이들 유민 집단의 수장에게도 본적지 이름을 붙이는 관작官爵을 부여해 그 집단을 다스리게 했다.[74] 마치 한국전쟁 이후 월남한 이들의 집단 거주지에 평양이라는 지명을 새로 붙인 격으로, 이런 관행은 같은 군현 및 관직 이름이 양쯔강 이북과 이남에 모두 있게 한 응급 처방이었다. 혼란을 야기할 수도 있었지만 편리한 행정 조치였다. 유민 무리가 소규모일 경우에는 기존 군현에 편입시켜도 그리 문제가 되지 않겠지만, 군현 단위에 버금가는 유민 집단인 경우는 그 구성원을 강제로 나누어 기존의 여러 군현에 분산 배치하는 데는 과도한 행정 비용이 들기 때문이었다. 전시 상황에는 더욱 그러하다. 특히 남조 조정 입장에서는, 통치해본 경험이 별로 없던 호족胡族 출신 유민이라면 그 집단의 족장을 통해 지배하는 조치가 보다 효과적인 방식이었으리라.

남조 내부의 이런 관행은 주변 제국諸國에게도 적용되었다. 남송, 남제 등의 왕조가 5세기의 왜 왕에게 한반도 남부에 대한 연고권을 승인해주던 외교 관행은, 중원에서처럼 과거의 연고를 근거로 이루어진 것으로 보인다. 낙랑·대방 두 군이 폐지된 뒤 7세기까지 고구려 왕과 신라 왕에게 '낙랑군공樂浪郡公', 백제 왕에게는 '대방군공帶方郡公'이라는 작호가 제수되었던 사례가 적지 않게 있었다. 355년 진 왕조는 낙랑군 고지故地의 새 주인이 된 고구려의 고국원왕에게 '낙랑군공'을 수여했다. 그 뒤에도 중원 왕조는 간혹 고구려 왕에게 '낙랑군공'을 제수하고는 했다. 낙랑 고지를 차지한 적이 없는 신라의 진흥왕까지 565년에 '낙랑군공'을 수여받았다. 2장에서 살펴본 대로, 신라가 낙랑 유민의 상당수를 받아들였기 때문에 낙랑군에 대한 연고권을 인정받았을 가능성이 크다. 마찬가지로, 백제의 위덕왕이 570년에 북제北齊로부터 '대방군공'을 수여받은 이유는 근초고왕 이후 한동안 대방군 고지를 차지한 연고 때문으로 보인다. 이처럼 중원 왕조는 작호 수여 때 실제 관할 지역에 한정해 작호를 내리거나, 적어도 과거의 연고권을 참작해 제수했다.

이 같은 작호는 왜인을 비롯한 한반도 남부 주민의 일본 열도 이주와도 연관이 있다. 5세기 내내 한반도에서 벌어진 전란의 여파는 일본 열도까지 미쳐, 한반도 남부 주민의 일본 열도 이주로 이어졌다. 당연하게도, 이주 대열은 고구려 원정군의 주 전쟁터인 가야 일대부터 발생하기 시작했다. 고구려는 신라를 침략한 왜군을 몰아내기 위해 임나가라까지 추격했다. 따라서 가야 지역이 왜와 고구려의 군사 행동에 휩쓸린 사정은 분명하다. 대규모 난민이 발생했고, 이 중 일부가 일본 열도로 건너갔다. 그 주력은 아마도 일본 열도의 왜와 가장 친근성이 있던 한반도 남부의 왜인일 가능성이 크다. 440년 무렵부터는 백제가 고구려와 만성적인 전쟁 상태에 들어갔으며, 475년에 한성이 함락당하는 등 멸망 직전까지 갔다. 또한, 고구려는 468년, 481년, 496년에 신라 북변에서 큰 규모의 군사 작전을 벌였다. 이때 발생한 난민 중 상당 규모가 역시 일본행을 택했다.[75]

왜 왕이 한반도 남부 관할권을 주장하는 근거에는 이들 이주민도 작용했다고 보아야 한다. 이주민의 출신지인 한반도 남부를, 언젠가는 왜 왕에게 귀속될 지역으로 간주했을 수 있기 때문이다. 중국 남조의 나라들이 화북 지방을 수복 대상으로 여겨 북부 출신 집단 이주민의 수장에게 본적지 이름을 붙이는 관작을 부여하고, 그 거주지에 옛 지명을 붙인 사례처럼 말이다. 다시 말해, 한반도 남부에서 이주해 온 이들과 그 수장이 왜 왕에 속하게 되었으니 이들의 본적지 역시 왜 왕의 영토라는 인식이 가능했다고 본다.

일본 열도의 왜 왕 역시 한반도 남부에서 누렸던 영향력을 근거로 해서 연고권을 주장했다고 볼 수 있다. 과거 왜는 백제의 태자는 물론 신라의 왕족을 인질로 삼았을 만큼 위세를 떨쳤다. 가야에 대해서도 마찬가지였다. 왜는 임나가라의 종발성에 군대를 주둔시킬 정도로 가야 제국에 막강한 영향력을 행사했다. 이런 군의 주둔은, 가야의 허락을 받아 이루어졌거나 아니면 멋대로 취해졌거나 관계없이, 당시 왜가 가야 제국과의 관계에서 우위를 차지했기에 가능한 일이었다. 일본 열도의 왜 왕들은 이런 역사적 전례에 근거해 중원으로부터 한반도 남부에 대한 연고권을 승인받았다고 보아야 한다.

5세기의 왜 왕들이 한반도 남부에 대한 연고권을 주장한 까닭은 당시 한반도 정세와도 관련이 있다. 5세기 들어 한반도 전역에 영향력을 행사하게 된 고구려의 독주를 방치할 수만은 없었던 것이다. 광개토왕은 남쪽으로 백제를 공격해 한강 상류에 진출했다. 아울러 광개토왕 시절 고구려는 왜의 침략을 받은 신라를 도와 군사를 보내 임나가라까지 왜군을 추격해 격퇴했다. 이때 신라·가야 지역까지 진출한 고구려 군대는 곧바로 퇴각하지 않았다. 고구려는 원정군 다수는 철수시켰지만 일부를 이들 지역에 주둔시켜 영향력 확대를 꾀했다.

《삼국사기》눌지마립간 즉위년(417)의 기록에 따르면, 눌지왕은 고구려의 후원으로 실성이사금을 죽이고 왕좌를 차지할 수 있었다. 이처럼 왕위 계승 문제에까지 개입할 정도로 신라에 대한 고구려의 영향력은 지대했다. 실제로 〈광개토왕릉비〉에는 내물왕이 몸소 고구려까지 와서 조공했으며, 신라 왕이 스스로 낮추어 '노객'이라 부른 기록이 있다. 이때가 309년이니, 지원군 파견(400년) 이전부터 고구려와 신라는 사실상 주종 관계였다.

신라는 백제와 연합함으로써 이런 상황에서 벗어나고자 했다. 433

중원고구려비 전경.

년 "백제가 사신을 보내 화친을 청하므로 그대로 따랐다."(《삼국사기》,

눌지마립간 17년)라는 기록이 이런 정황을 보여준다. 고구려의 통제권

에서 탈피하려는 신라의 시도는 그리 성공적이지 못했다. 나제 동

맹이 오히려 고구려의 남진을 부추기는 결과를 초래했기 때문이다.

오히려 신라보다 백제가 더 큰 타격을 입었다. 고구려는 475년(장수

왕 63) 백제를 공격해 수도 한성漢城을 함락하고 개로왕을 죽였다. 치

명적인 패배를 당한 백제는 오늘날의 공주인 웅진熊津으로 천도할

수밖에 없었다.

물론 신라에 대한 고구려의 압박도 계속되었다. 481년(장수왕 69) 무렵에 세워진 〈중원고구려비中原高句麗碑〉에 따르면, 고구려는 자국 장수인 당주幢主를 신라 영내에 주둔시켰다. 장수를 파견한다는 것은 군대도 주둔시킨다는 뜻이다. 고구려는 이들 주둔군을 기반 삼아 신라 내정에 간섭하는 등 자신의 영향력 확대를 도모했다. 또한, 고구려는 〈중원고구려비〉에서 신라를 '동이東夷'라 쓰고 신라 왕을 '동이매상東夷寐錦'이라 가리키는 등 속국으로 취급했다.

요컨대, 서기 400년 고구려가 왜의 신라 침략에 개입하면서 한반도 남부 지역은 전쟁의 소용돌이에 빠졌고, 4년 뒤 왜가 고구려 본토를 공격하자 전선은 중부 지역으로 확장되었다. 한반도의 패권을 둘러싸고 5세기 벽두부터 시작된 전쟁은 5세기 내내 지속되었다. 그 결과, 한반도 내 고구려의 영역은 남쪽으로 죽령·조령 일대로부터 남양만을 연결하는 선까지 뻗치게 되었다. 고구려 군대가 주둔한 신라는 고구려의 속국에 불과했고, 백제는 거의 망국의 처지에 놓였다. 한마디로, 5세기가 지나면서 기존의 고구려 영토는 물론, 한반도 전역이 고구려의 안마당이나 다름없게 되었다.

5세기 들어 한반도 전역을 차지하다시피 한 고구려의 독주를 방치할 수만은 없었던 왜 왕들은 과거 한반도 남부에서 누렸던 기득권을 내세워 이들 지역에 대한 연고권을 중국 왕조에 줄기차게 요구한 것이다. 구체적인 성과가 바로 '도독 왜·신라·임나·가라·진한·모한 6국제군사'라는 장군호다.

임나일본부의 실체는

야마토 조정이 한반도 남부를 지배했다는 인식은 일본 지식인들의 의식 속에 오래전부터 자리 잡고 있었다. 이런 견해는 19세기 후반 서구 열강의 위협을 벗어나기 위한 돌파구로 정한론征韓論이 대두되면서 널리 퍼졌다. 정한론은, 일본 군국주의자들이 근대화를 추진하기 위한 인적·물적 자원을 확보하는 수단의 하나로 한반도를 침략해 식민지로 삼아야 한다고 생각한 이론이다. 이 정한론의 역사적 근거가 바로, 야마토 조정이 4세기 중반부터 6세기 중반까지 한반도 남부를 지배했다는 임나일본부설任那日本府設이다. 결국 임나일본부설은 일본 제국주의의 한반도 지배를 정당화해주는 역사적 근거로 이용되었고, 현재까지도 일본 역사 교과서에 수록되는 등 계속 이용되고 있다.

임나일본부설을 집대성한 인물은 1949년에 《임나흥망사任那興亡史》를 출간한 스에마쓰 야스카즈(1904~92)다. 그가 내세운 주요 문헌 자료는 《일본서기》 신공기神功紀 49년(369)의 기사인데, 진구 황후神功皇后가 아라타 와케荒田別, 가가 와케鹿我別 등을 보내 백제와 함께 신라를 치고, 이어 가야 지역의 7국을 평정했다는 내용이다. 스에마쓰는 이 같은 기록을 토대로, 왜가 진구 황후 때부터 한반도 남부 지역인 임나에 일본부를 설치해 직접 지배했고, 일본부는 백제와 신라에도 강력한 영향력을 행사하면서 562년 고령의 대가야가 신라에게 멸망할 때까지 유지되었다고 주장했다.

스에마쓰는 〈광개토왕릉비문〉도 자신의 주장을 뒷받침하는 주요 근거로 삼았다. 그는 비문의 저 유명한 신묘년 기사를 '왜가 바다를 건너와 백제와 임나(혹은 가라)·신라 등을 격파하고 신민臣民으로 삼았다.'로 해석해, 당시 왜의 한반도 남부 지배를 확인하는 결정적인 증거라고 주장했다. 〈광개토왕릉비문〉은 당대의 사실을 기록한 1차 자료인 데다 고구려의 입장에서 쓴 자료라는 측면에서, 《일본서기》보다 더 신빙성이 있는 자료라고 강조했다.

또한 스에마쓰는 《송서》 〈왜국전〉의 '왜 왕 책봉' 기사를 근거로, 왜가 5세기에 백제를 제외한 한반도 남부 여러 나라에 대한 영유권을 중국 왕조로부터 인정받았다고 주장한다. 제3국인 중국 측 역사서에 왜의 한반도 남부 지배를 반영하는 기록이 있으므로, 임나일본부설은 추호도 의심할 여지가 없다고 강조한 주장인 셈이다.

1945년 이후, 임나일본부설에 대한 비판이 제기되었다. 첫 주자인 북한의 김석형金錫亨은 1963년 〈삼한 삼국의 일본열도 내 분국分國에 대하여〉라는 논문76)을 발표하고, 이어 《초기 조일관계사》를 출간하면서 일본 학계의 임나일본부를 정면 반박했다. 그는 《일본서기》에 등장하는 한반도 관련 사건은 실제로 한반도 내의 여러 나라와 야마토 조정 사이에 벌어진 일이 아니며, 일본 열도로 건너간 한반도 출신 이주민이 세운 삼한 및 삼한의 분국들과 야마토 조정 사이에 벌어진 일이라고 주장했다. 임나일본부 역시 일본 열도 내의 가야계

　고대, 한반도로 온 사람들

분국인 임나국에 설치된 기구라고 강조했다.

이어 남한의 천관우千寬宇는《일본서기》에 나오는 임나 관련 기사의 주체는 야마토 조정이 아닌 백제라고 주장했다. 백제가 멸망한 뒤 일본 열도로 건너간 백제 유민들이《일본서기》를 편찬하면서, 원래 백제를 주체로 서술한 기사들이 왜를 주체로 한 기사들로 바뀌었다는 주장이다. 임나일본부도 백제가 가야 지역을 통치하기 위해 설치한 '파견군 사령부'와 같은 기구로, 고대 일본은 한반도 남부와는 아무런 연고가 없다고 강조했다. 다시 말해 그는,《일본서기》에 등장하는 임나 관련 기록들의 주어를 왜 왕이 아닌 백제 왕으로 고쳐 읽음으로써 '왜의 임나 지배'가 아닌 '백제의 가야 지배'로 해석했다.[77]

남북한 학계의 이런 비판에 일본 학계도 대응했다. 임나일본부가 가야 지역에 있던 왜국계 주민의 자치 기관이라는 견해, 가야와 왜의 교섭을 맡은 외교 기관으로 보는 견해, 왜가 설치한 상업적 목적의 교역 기관으로 보는 견해 등은 이렇게 나오게 된다. 이런 견해는 2세기라는 장구한 기간 동안 야마토 조정이 한반도 남부를 지배했다는 애초의 주장보다는 상당히 후퇴한 논리다.[78]

《일본서기》에서는 '임나'를 '미마나みまな로 읽는데 좁은 의미로는 김해, 넓은 의미로는 가야 전체를 가리키는 용어로 사용된다. 그러나 '임나'가 김해의 금관국을 특정해 가리키는 사례는 매우 드물고, 대부분 가야 지역의 여러 나라를 넓게 가리키는 용어로 사용되고 있다. 이처럼 임나가 지역 명칭이라면, 이른바 임나일본부는 임나에 설

치된 일본의 관부官府를 뜻하게 된다.

반면, 한국 측 문헌 자료에는 '임나일본부'라는 용어가 전혀 보이지 않는다. 이런 사실은 한때 임나일본부의 존재 자체를 부정하는 논거로 사용되었다. 그러나 한국 측 자료인《삼국사기》는 삼국을 중심으로 한 역사 기록이기 때문에, 당연히 가야나 임나에 대한 기록 자체가 극히 적을 수밖에 없다. 다만 '임나'라는 단어는, 적기는 하지만 한국 측 문헌 자료에도 등장하는데,《삼국사기》와 〈광개토왕릉비문〉, 〈진경대사탑비문眞鏡大師塔碑文〉(923) 등에 3회 나온다. 예컨대,《삼국사기》의 '강수强首 열전'에는 신라 문무왕 때에 활동한 유명한 문장가인 강수가 본래 임나가량任那加良 출신이라는 내용이 있다.

한편,《일본서기》에는 '임나'가 무려 215회나 등장한다. '일본부'라는 용어도 곧 살펴볼《일본서기》웅략기雄略紀 1회를 포함하여 35회나 나온다. 나머지 34회는《일본서기》흠명기欽明紀 2년(541)부터 15년(554)까지 12년 동안에만 등장한다. 이들 기사의 대부분은 가야·백제와 야마토 조정의 대외 관계와 관련된 정보다. 따라서 임나일본부 문제는 가야 제국諸國의 동향, 가야를 둘러싼 왜, 백제, 신라 사이의 외교 관계 등과 관련해 살펴보아야 한다.

일본부는 7세기 중엽 이전에는 사용되지 않던 명칭이다. '일본'이라는 국호 자체가 7세기 말 이후에 사용된 용어다. 따라서 일본부는 왜에서 일본으로 국호가 바뀐 후에 가필 수정된 용어라고 봐야 한다. 현존하는 최고最古의《일본서기》주석서인《석일본기釋日本紀》*는

　고대, 한반도로 온 사람들

임나일본부를 일본 발음으로 '미마나노야마토노미코토모치みまなのや
まとのみこともち로 읽고, '임나지왜재任那之倭宰'라고 주석하고 있다. 여기
서 '미마나노야마토'는 임나의 왜를 뜻하고, '미코토모치'는 천황의
의지를 전달하는 사람, 즉 사신을 뜻한다.《석일본기》의 이런 주석에
따르면, 임나일본부는 '임나에 파견된 왜의 사신'이 된다. 더구나《일
본서기》흠명기 15년(554) 12월조에 실려 있는 〈백제의 외교문서〉에
는 '안라제왜신安羅諸倭臣'이라는 표현이 나온다. 풀이하면 '안라에 있
는 여러 왜신'이 된다. 따라서 제왜신諸倭臣, 즉 일본부란 '왜의 사신
또는 그 집단'을 가리키는 표현이라 봐야 한다.[79]

　실제로《일본서기》흠명기의 일본부 관련 기사에서는 왜가 가야
의 여러 나라를 정치적으로 다스렸다는 정보, 즉 세금 징수, 노동력
징발 등이 행해졌다는 기록을 전혀 찾아볼 수 없다. 다시 말해, 관청
이나 기관으로서 부의 실체를 나타내는 정치·행정적 지배와 관련
있는 내용이 없다. 다만, 흠명기에 나오는 정보는 모두 532년 신라
에 멸망당한 남가라, 즉 금관국 등 남부 가야 제국의 부흥 문제 등을
둘러싸고 나머지 가야 제국의 왕들과 보조를 맞춘 외교 활동에 한정
되어 있다. 그것도 일본부가 가야 제국에게 명령을 내리거나 통제를
했다는 내용은 보이지 않고, 일관되게 가야 제국의 이해를 대변하고
있다.《일본서기》흠명기에 보이는 일본부 관련 인사들 역시 야마토

＊ 헤이안平安 시대(794~1185) 이래, 일본 조정에서 행해진《일본서기》에 대한 강독을 가마
쿠라鎌倉 시대(1185~1336) 말기에 집대성한 책.

조정의 명령이 아니라 독자적인 판단에 따라 활동했다.

529년 무렵, 신라는 가야 제국 중 유일하게 낙동강 동쪽에 있으면서 신라와 경계를 접하고 있던 탁기탄국喙己呑國(양산·밀양 일대)을 멸망시켰다. 그러자 왜와의 교역로에 위치한 가야 지역에 대한 영향력 상실을 우려한 백제는 안라국의 걸탁성乞乇城에 군대를 주둔시켜 교두보 확보에 성공한다. 뒤질세라 신라는 532년(법흥왕 19)에 남가라, 즉 금관국을 멸망시키고 530년대 후반 무렵 오늘날의 창원인 탁순국喙淳國까지 점령해 가야 지역 진출에 유리한 고지를 차지했다.[80] 양국, 특히 신라의 직접적인 위협을 받게 된 가야 제국은 현재의 함안에 위치한 안라국 주도로 각국의 독립뿐만 아니라 남가라 등 남부 가야의 부흥을 도모하려 했다.

당시 임나일본부가 왜 왕의 통제를 받지 않고 가야 제국의 왕들과 긴밀한 관계를 유지할 수 있었던 이유는 무엇일까? 《일본서기》는 야마토 조정이 일본부 소속 인사들을 파견한 양 쓰고 있으나, 이쿠하노오미的臣를 제외하면 그들을 파견하거나 귀국시켰다는 정보는 어디에도 없다. 또한, 《일본서기》에서는 야마토 조정과 일본부의 지배 및 예속 관계를 나타내는 정보를 찾아볼 수도 없다.

일본부가 야마토 조정에 속했다면 본국의 이익을 위해 움직였을 텐데, 일본부 소속 인물들은 오히려 야마토 조정의 이익에 반하는 행동을 취하기까지 한다. 예컨대, 백제의 성왕은 왜 왕에게 다음과 같이 경고한다. "지금 마도麻都 등이 신라와 마음이 맞아 그 옷을 입

고대, 한반도로 온 사람들

고, 조석으로 왕래하며, 몰래 간악한 마음을 가지고 있습니다. 이 때문에 임나가 아주 망해버릴까 두렵습니다"(《일본서기》, 흠명기 5년 3월. 544년). 일본부의 친신라 행보 때문에 금관국 등 남부 가야의 부흥은커녕 임나 전체가 영영 멸망할 것이라는 얘기이다. 실제로 《일본서기》에는 "지금 이쿠하노오미, 기비노오미吉備臣, 가와치노아타에河內直 등은 이나사移那斯와 마도가 시키는 대로 할 뿐이다. 이나사와 마도는 신분이 낮은 미천한 자이지만 일본부의 정사政事를 마음대로 하고 있습니다."(흠명기 5년 3월)라고 기록돼 있다. 이쿠하노오미 등 일본부 관련 인사들은 임나 출신[81]인 이나사와 마도의 지시에 따라 행동한다는 성왕의 지적이다.

백제 측이 임나일본부의 실세로 지목한 마도 등은 어떤 인물일까? 일본부를 실질적으로 이끌었던 마도는 모친이 가야인으로 기록되어 있다. 따라서 그는 가야 지역의 잔존 왜인으로 보인다. 마도와 더불어 일본부의 정사를 좌지우지한 이나사 역시 가야 지역 출신이었다.[82] 이들의 출신지와 관련해 《일본서기》 흠명기 5년 3월의 다음 기사가 주목된다.

신라가 봄에 탁순을 빼앗고, 거듭해서 구례산久禮山의 백제 술병戌兵을 쫓아내고 영유했다. 안라安羅에 가까운 곳은 안라가 경작하고 구례산에 가까운 지역은 사라斯羅(신라)가 경작하고 있었다. 각각 스스로 경작하여 서로 침탈하지 않았다. 그런데 이나사와 마도가 남[신라]의 경계를 넘어 경작하고서는 6월에 도망했다.

만약 이나사와 마도가 왜 왕의 사신이었다면 지금의 창원에 해당하는 탁순군 일대의 토지를 경작했을 리가 없다. 일본 열도에서 바다 건너온 사신들이 낯선 타국 땅에서 굳이 경작할 필요가 있었겠는가. 6월에 도망쳤다는 표현으로 보아 비록 오랫동안 경작을 할 계획은 아니었지만 말이다. 이들의 친신라 행보로 보아 신라의 비호하에 신라가 차지한 탁순국 일대의 토지 경작권을 행사했다고 파악한다면 이곳의 연고권을 주장할 수 있는 인물일 가능성이 크다. 그렇다면 마도와 이나사는 임나 현지인이 분명하다고 할 수 있다.

따라서 백제는 마도와 이나사의 지시에 따라 친신라 노선을 취하고 있는 이쿠하노오미 등 임나일본부 소속 인사들을 본국으로 송환시키라고 왜 왕에게 요청했다. "이쿠하노오미 등이 안라에 있는 한 임나국은 세우기 힘듭니다. 빨리 물러나게 하는 조치가 마땅합니다."라는 《일본서기》 흠명기 5년 3월의 기사가 그런 사정을 보여준다. 이외에도 백제 측은 여러 차례에 걸쳐 이쿠하노오미 등 일본부 소속 인사들의 송환을 요청했지만, 왜 왕은 아무런 조치를 취하지 않았다. 심지어 왜 왕은 몇 번이나 임나의 부흥에 관해 자신의 입장을 밝혔으나, 그 입장은 일본부에 직접 전달된 것이 아니라 백제나 신라를 통해 간접적으로 전달되었다. 기비노오미가 임나의 왕들과 더불어 백제로 가서 임나 부흥에 관한 왜 왕의 조칙을 듣는《일본서기》흠명기 2년 4월의 기사) 식이었다. 이런 정황 역시 임나일본부가 왜 왕과 꽤 소원한 상황에 처해 있었음을 짐작하게 한다. 결론적으로, 왜 왕은 일본부를 제대로 통제하지 못했으며 양자의 관계도 아주 소원했다.

그렇다고 해서 일본부가 백제의 통제하에 있지도 않았다. 《일본서기》 흠명기의 일본부 관련 기록을 보면, 백제 성왕은 임나일본부 관련 인사들의 행위를 성토하면서 그들의 송환을 요구했다. 백제 측이 이렇게 임나일본부 인사들을 비난하고 송환까지 요구한 까닭은 일본부 인사들이 백제나 야마토 조정의 의중을 무시한 채 신라와 접촉해 가야 제국의 독립 보장 등을 요구했기 때문으로 보인다. 가야 제국, 특히 안라국은 신라의 남부 가야 지역 진출에 따라 신라와 국경을 접하게 되자 신라에 우호적인 입장을 취하지 않을 수 없었던 것이다.

안라국은 가야 제국의 독립을 보장받기 위해 '안라회의'를 개최했다. 이때 백제는 신라에 비해 고관을 파견했지만 회의장에 입장조차 하지 못한 반면, 신라는 백제보다 직급 낮은 관리를 보냈지만 가야 제국의 왕들과 함께 회의에 참여할 수 있었다. 안라국을 비롯해 가야 제국으로서는 멀리 떨어진 백제 편을 들다가 국경을 맞대고 있는 신라의 침략을 받는 경우를 경계하지 않을 수 없었기 때문이다. 안라가 친신라 외교를 펼친 이유다.[83] 따라서 일본부의 친신라 노선은 야마토 정권이나 백제가 아니라 가야 제국의 이익을 최우선으로 반영한 조치로 이해해야 한다. 또한, 일본부 소속 왜인들이 가야 지역 출신이기 때문에 가야 제국의 이해를 대변했다고 보인다.

심지어 임나일본부는 당시 야마토 조정과 백제의 적국인 고구려와 밀약密約을 맺기까지 했다.《일본서기》흠명기의 해당 정보를 보면, 백제 성왕은 545년부터 547년 사이에 왜 왕에 방물을 주거나 기술자, 학자 등을 파견하는 등 물량 공세를 퍼부어 왜 왕으로부터 군대 파견을 약속받았다. 양국의 이 같은 군사 약조를 입수한 안라국과 일본부는 불안을 느끼고 대항 체제를 정비할 여유를 얻기 위해 고구려에게 백제 정벌을 요청했다. 이들의 제안을 받아들인 고구려는 실제로 548년 1월에 군사 6,000명을 보내 백제의 독산성禿山城(경기도 오산)을 공격했다. 당시 고구려와 적대 관계인 신라의 참전으로 고구려가 패했는데, 전투 중 잡힌 고구려 측의 포로는 이 전쟁이 안라국과 일본부가 백제의 처벌을 요청했기 때문에 발발했다고 증언했다.

《일본서기》흠명기에 따르면, 임나일본부는 임나(가야)에 파견된 왜의 사신 집단이다. 그 실체는 기껏해야 가야 지역에 잔존했던 왜인 집단의 대변 기구에 불과하다. 이들의 구체적인 활동 역시 모두 임나의 부흥 및 가야 제국의 독립을 유지하고자 하는 외교 활동뿐이었다. 가야 제국, 특히 안라국 역시 백제·신라·왜와의 외교 교섭에 일본부를 전면에 내세우고 있었다. 그 이유 중 하나는 일본 열도의 야마토 조정과 원활한 관계를 맺어 백제와 신라에 대해 야마토 조정이 자신의 배후에 있는 양하여 양국의 침략을 회피하고자 했기 때문으로 보인다.

이제, 임나일본부의 실체가 과연 무엇이었을지 정리해보자. 그 단

고대, 한반도로 온 사람들

서는 "제8대 질지왕 2년(452) 임진王辰에 이 땅에 절을 설치하고 또 왕후사王后寺를 세워 지금까지 여기서 복을 받음과 동시에 남쪽의 왜 까지 진압하였다."라는 《삼국유사》 금관성 파사석탑의 기사에 있을 듯하다. 이 기록대로 금관가야는 5세기 중엽 인근 지역의 왜를 정복 했다. 그러고나서 금관가야가 관련 조치를 취하는 일은 지극히 당연 하다. 직접 지배하든 간접 지배하든 말이다.

이런 정황은 《일본서기》 웅략기 8년(464)의 기록에서도 엿볼 수 있 다. "신라 왕이 임나 왕에게 사람을 보내 말하기를, '고구려 왕이 우리 나라를 정벌하고 있습니다. 지금의 시기는 …… 나라의 위태로움이 계란을 포갠 것보다 더합니다. …… 일본부의 행군원수行軍元帥 등에 게 도움을 청합니다.'라고 했다. 그리하여 임나 왕은 가시하데노오미 이카루가膳臣斑鳩, 기비노오미오나시吉備臣小梨, 나니와노키시아카메코 難波吉土赤目子에게 권하여 신라로 가서 구원하게 했다." 《일본서기》의 편찬자가 천황의 권위나 은혜를 나타내기 위해 개찬이나 윤색을 가 했기 때문에 표현의 문제는 있지만, 인용문에서 분명히 확인할 수 있 는 정보는 임나 왕, 즉 금관국 왕의 지시에 따라 일본부의 가시하데노 오미이카루가 등이 신라에 원군으로 파견됐다는 내용이다.

연대 차이가 약간 나지만[*] 동일한 사건을 다룬 《삼국사기》 신라본 기 소지마립간 3년(481) 기사에서는 파병의 주체를 다르게 표기하고

---

[*] 일본 학계조차도 《일본서기》 초기 기록 중에는 무려 2갑자, 즉 120년이나 상향된 기록도 있다고 인정한다.

있다. "고구려와 말갈이 북쪽 변경에 들어와서 호명狐鳴 등 일곱 성을 빼앗고 또다시 미질부彌秩夫로 진군해 왔다. 우리 군사가 백제 및 가야의 원병과 함께 길을 나누어 방어하니 적이 패하여 물러났다."라는 기록이 해당 정보다. 여기서는 신라에 온 원군을 왜병이 아닌 가야병으로 기록하고 있다. 신라 측에서는 왜를 가야의 예속 정치체로 파악하고 있었기 때문에《일본서기》의 일본부 소속 구원병을 가야병으로 기록했으며, 그 기록이《삼국사기》에 그대로 등재되었다고 판단된다.

한때 한반도 남부의 왜인 세력은 가야 지역에 군대를 주둔시켰을 뿐만 아니라, 신라를 압도할 정도로 그 세력을 크게 떨쳤다. 이런 왜도 고구려와의 두 차례에 걸친 대규모 전쟁에서 패배해 큰 타격을 받아 크게 약화되었다. 마침내 452년 무렵, 한반도의 왜 세력은 한때 자신들이 지배했던 금관가야에 의해 진압되고 말았다. 그 이후 금관국은 이들을 통제할 기구가 필요했다. 가야가 이들 왜인을 직접 통치할 형편이 되지 못했다면, 간접적으로 통제할 기구라도 필요했다고 판단된다. 가야의 왜 통제기구가《일본서기》에 등장하는 '일본부'가 아니었을까.

후기:　　　　　　　　　　　단일 민족
　　　　　　　　　　　　　만들기

한국인이라면 누구나, 한민족의 시조가 누구냐는 물음을 받았을 때 주저 없이 단군이라고 답한다. 일부는 단군 신화를 역사적 사실로 받아들여야 한다고 주장하기도 한다. 한국사 가운데 가장 관심을 받는 분야는 고조선, 엄밀히 말하면 단군조선인데, 그 이유는 아마도 한민족의 독특한 민족주의 때문일 테다. 다시 말해, 고조선의 시조로 알려진 단군은 일제 강점기에는 식민 지배에 대항하기 위한 정신적 지주였으며, 오늘날에도 민족 통합의 중심이자 민족 정체성과 자부심의 원천으로 여겨지기 때문이다.

문제의 심각성은 이 주제에 대한 관심 자체가 아니라 연구자 사이의 논의가 도저히 합의를 도출할 수 없을 정도로 대립이 심하다는 데 있다. 심지어 학문적 접근에서 벗어나 적대적인 감정이 개입된 대립마저 존재한다. 예컨대, 주류 역사학계에서는 국수주의 연구자들의 견해를 편협한 민족주의 사관의 소산으로 규정해 무시해 버리고 있으며, 국수주의 연구자들은 주류 연구자들의 견해를 식민 사관의 아류로 매도하고 있다. 연구자 사이의 간격이 이 정도로 극

심하니, 일반인의 고조선에 대한 인식 차이도 극과 극을 달릴 수밖에 없다. 한편에서는 단군을 신격화하려 하며, 다른 한편에서는 우상 숭배로 매도하고 있다.

그럼에도 불구하고, 고조선에 관한 한국인의 기본 지식은 대체로 일치한다. 바로 한국 역사에서 처음 등장하는 나라가 고조선이고 그 시조는 단군이며, 고조선이 멸망한 뒤 출현한 나라들은 모두 고조선을 계승했다는 내용이다. 이런 정보는 고조선이 망한 지 무려 1,500여 년이 지난 후인 고려 후기에 편찬된 역사서들의 기록을 토대로 정립되었다. 그 기록이 실린 가장 오래된 문헌 자료는 13세기 후반에 편찬된 일연의《삼국유사》와 이승휴의《제왕운기》다.

단군, 평양 지역의 시조

《삼국유사》는《고기古記》,《단군기壇君記》등의 옛 문헌 자료를 근거로, 고조선에 관한 정보를 제공한다. 그 내용은 대략 이러하다.

천신 환인의 아들 환웅이 하늘에서 태백산 신단수 아래로 내려와 신시를 건설하고, 풍백風伯·우사雨師·운사雲師를 거느리고 신정神政을 베풀었다. 곰과 호랑이가 환웅에게 인간이 되게 해달라고 기원했는데, 환웅의 지시를 충실히 따른 곰이 웅녀로 변신하는 데 성공했다. 환웅과 웅녀가 혼인하여 단군 왕검壇君王儉을 낳았다. 단군은 중국의 요 임금

50년이 되는 경인년庚寅年에 평양성에서 조선을 건국했다. 단군 재위 1,500년 무렵에 중국에서 기자箕子가 옴에 따라 장당경藏唐京으로 천도했다. 단군은 후에 아사달阿斯達에 들어가 산신이 되었는데, 인간으로의 수명은 무려 1,908세였다. 단군은 서하西河 하백河伯의 딸과 혼인하여 부루夫婁를 낳았다. 고구려의 시조 주몽朱蒙도 단군의 아들이다.

《제왕운기》 역시 《본기本紀》, 《단군본기檀君本紀》(《단군기》와는 다른 자료) 등의 문헌 자료를 인용해 해당 정보를 전하고 있는데, 내용은 대체로 이러하다.

상제 환인의 아들 환웅이 하늘에서 태백산 신단수 아래로 내려왔는데, 그가 바로 단웅 천왕檀雄天王이다. 그는 손녀를 인간으로 변신시켜 단수신檀樹神과 혼인하게 했으니, 그 자식이 단군이다. 단군은 중국의 요 임금 원년인 무진년戊辰年에 조선을 건국하고 왕이 되었다. 그는 1,038년 뒤인 은殷(상商)나라 무정武丁 8년에 아사달에 들어가 산신이 되었다. 단군은 비서갑非西岬 하백의 딸과 결혼하여 부루를 낳았다. 시라尸羅(신라), 고례高禮(고구려), 남옥저, 북옥저, 동부여, 북부여, 예맥, 비류국沸流國은 모두 단군의 후예다.

《삼국유사》와 《제왕운기》의 해당 기사를 비교하면, 단군의 계보 등 몇 가지 차이가 있지만, 중요한 정보는 일치하고 있다. 우선, 자기들 역사가 고조선에서 시작되며, 그 시조는 단군이라는 사실이다. 다음으로, 단군은 신성한 존재로서 중국에서 이상적인 제왕으로 꼽고 있는 요 임금과 같은 시기에 개국했다는 내용이다. 마지막으로, 고조선 이후에 등장한 부루의 부여, 주몽의 고구려 등 역대 왕조는 모두 고조선을 계승했다는 사실인데, 계승 관계에 관해서는 《삼국유사》보다 《제왕운기》가 자세하게 서술하고 있다.

이렇게 고려 지배층 중 일부가 13세기에 와서 자국사自國史의 출발점은 고조선이며, 그 시조가 바로 단군이라는 주장을 제기했다. 그렇다면, 그 이전에는 자국사의 첫 왕조는 어느 나라이고, 그 시조는 누구인가로 보았는지 궁금하지 않을 수 없다.

12세기, 즉 고려 중기까지만 해도 고려의 지배층은 자국사가 단군조선이 아니라 기자조선부터 시작되었다고 보았다. 당연히 시조는 기자라고 인식하고 있었다. 이런 역사관은 1055년 거란契丹의 동경유수東京留守에게 보낸 외교 문서 중 "우리나라[當國]는 기자의 나라[箕子之國]를 계승하여 압록강으로써 경계를 삼았다."(《고려사》, 문종 9년 7월)라는 기록에서 확인할 수 있다. 1146년(인종 23)에 편찬된 《삼국사기》 연표 서문에는 "해동에는 나라가 있은 지 오래되었다. 기자가 주周왕실로부터 봉지封地를 받고 위만이 한漢나라 초에 왕호를 참칭한 때부터지만 연대가 아득히 멀고 문자가 소략하여 자세히 알 수 없다."라고 기록되어 있다. 이처럼 고려 왕조의 역사관을 대표하는 《삼국사기》 편찬자들 또한 자국사를 기자조선까지 소급하고 있다.

　　　　　　　고대, 한반도로 온 사람들

이런 인식은 "현도와 낙랑은 본래 조선의 땅으로 기자가 봉封해진 곳이다."《삼국사기》, 고구려본기 보장왕寶藏王 하)라는 사론史論에서도 짐작할 수 있다. 자국사가 조선부터 시작되었고, 조선은 바로 기자조선이라는 말이다.

고려가 기자조선을 계승한 왕조라고 이해한 중국 측 자료도 있다. 예컨대 후당後唐(923~936)*의 왕건 책봉 조서 중 "권지 고려국왕사權知高麗國王事 왕건은 …… 주몽의 건국 전통을 좇아서 그곳의 임금이 되었으며, 기자가 제후국을 이룩한 옛 자취를 본받아 교화를 베풀고 있다."《고려사》, 태조 16년 3월)라는 구절이다. 당을 이은 송나라 역시 고려를 고구려의 후신으로 이해하면서 기자의 교화를 계승했다고 보았다. 이런 인식은 송 태조가 965년에 고려 광종에 보낸 외교 문서 [制書] 중 "고려 국왕 소昭는 요동에서 추대되어 기자가 남긴 교화를 익히고 주몽의 옛 풍습을 따랐다."《송사宋史》**, 열전 고려)라는 기록에서 엿볼 수 있다. 기자가 고려의 시조라는 인식은 서긍徐兢의 《고려도경高麗圖經》***에서도 찾아볼 수 있다. 서긍은 "고려의 시조는 대개 주나라 무왕武王이 조선에 봉한 기자 서여胥餘(기자의 이름)다."《고려도경》, 권1 시봉始封)라고 서술했다.

---

* 중국 5대五代 중 하나. 5대는 당이 멸망한 이후 송 건국 이전까지의 과도기에 중원에서 흥망한 다섯 왕조를 가리킨다.
** 원나라 순제(順帝, 1333~1370) 때에 편찬된 송나라(북송과 남송)의 정사. 본기 47권, 지 162권, 표 32권, 열전 255권 등 전 496권이다.
*** 서긍이 1123년(인종 1)에 송나라 사신으로 고려에 와서 체류 기간 동안 견문見聞한 정보를 가지고 편찬한 저작.

12세기까지만 하더라도 고려의 지배층은 자국사의 출발이 기자가 창업한 왕조로 전해진 기자조선이며, 고려의 시조 역시 단군이 아니라 기자라고 인식하고 있었다. 동시대 중국 왕조의 인식도 같았다.

실제로 고조선 이후 등장하는 역대 왕조들은 단군의 후예라는 인식은 가지고 있지 않았다. 고구려 및 신라 왕실은 자신의 시조가 하늘에서 내려온 천손天孫의 후예라고 자처하는 독자적인 건국 신화를 가지고 있었다. 백제 왕실도 부여 또는 고구려에서 그 기원을 찾았다. 독자적인 건국 신화를 가진 이들 나라의 지배자에게 단군과 그의 조선에서 비롯한다는 계승 의식이 존재했을 리는 만무하다. 고려 역시 고구려의 후예를 표방했기 때문에 단군이나 단군조선 계승 의식은 없었다.

그렇다면, 13세기 이전에 살았던 한국인의 조상은 단군을 어떻게 이해하고 있었을까? 《삼국사기》 고구려본기 동천왕 21년(247)의 기사에 단군과 관련된 정보가 나오는데, 그 내용은 다음과 같다.

봄 2월에 왕이 환도성丸都城이 전란을 겪어서 다시 도읍할 수 없다고 하여 평양성을 쌓고 백성과 종묘 사직을 옮겼다. 평양은 본래 선인 왕검仙人王儉의 집이며, 혹은 왕의 도읍터인 왕검이라고도 한다.

서기 247년 위魏나라 관구검의 침략 때 수도 환도성이 파괴되어 평양으로 천도할 수밖에 없었던 상황을 전하면서, 평양의 연혁에

고대, 한반도로 온 사람들

관해서도 간략하게 기술한 내용이다. 그 연혁 설명 중 등장하는 선인 왕검이 단군이라고 본다면, 단군은 평양과 특별한 관계를 가진 존재가 된다.

단군이 평양과 깊은 관련이 있는 인물임을 보다 구체적으로 보여주는 문헌 자료는 1325년(충숙왕 12)에 작성된 〈조연수趙延壽* 묘지墓誌**〉다. 해당 묘지에는 "평양의 선조는 선인 왕검인데, 지금까지 남은 사람도 당당한 사공司空***일세. 평양 군자平壤君子는 삼한三韓 이전에 있었는데, 1,000년 이상 살았다니 어찌 이토록 오래 살고 또 신선이 되었는가. 땅을 나누어 다스려 그 후예가 끊이지 않고 이어졌네."라고 기록되어 있어, 단군이 평양의 선조임을 분명하게 밝히고 있다. 이 정보에 따르면, 14세기 초반까지는 단군이 고려 전체의 시조가 아니라 그저 평양 지역의 선조에 불과했다. 고려 지배층에게 단군이 건국한 나라로 알려진 고조선은 자국사의 출발점이 될 수 없다는 사실은 자명했다.

부연하자면, 13세기에 저술된 《삼국유사》나 《제왕운기》에 자국사의 시작이 단군조선이며 그 시조가 바로 단군이라는 인식이 반영되었다 해도, 이는 결코 당시에 일반화된 정보는 아니었다. 이들 저작

---

* 조연수(1278~1325)는 고려 후기의 문신으로, 본관이 평양이다. 평양조씨는 단군의 후손을 자처했다.

** 죽은 사람의 이름, 신분, 행적 등을 기록한 글.

*** 고려 시대에 둔 삼공三公의 하나로, 태위太尉와 사도司徒 그리고 사공이 삼공이다. 품계는 정일품이다.

보다 늦은 14세기에 작성된 〈조연수 묘지〉에서 단군을 단지 평양의 선조라고 단정한 것을 통해서도 이를 알 수 있다.

따라서, 《삼국유사》 및 《제왕운기》가 자국사의 출발점이 고조선이고 그 시조가 단군이라고 주장하며 인용한 《고기》, 《단군본기》 등은 고려 지배층 전체가 아닌 평양 일대에 거주했던 고조선 계통 주민들 사이에 전해 내려오던 전승을 기록한 문헌 자료였을 가능성이 크다. 〈조연수 묘지〉가 증언하는 대로, 실제 14세기까지 평양에는 여전히 단군의 후예임을 자처하는 집단이 거주하고 있었다. 묘지에 분명하게 표현되어 있지만, 조연수로 대표되는 평양조씨 역시 단군의 후예를 자처한 가문 중 하나다.

그렇다면, 일연, 이승휴 등이 자국사의 시작이 고조선이고, 그 시조인 단군을 고려 전체의 시조라고 내세운 이유는 무엇이었을까? 그 시작은 '기자동래설箕子東來說'로 거슬러 올라간다.

'새로운 단군상' 만들기의 모태가 된 기자동래설

이른바 기자동래설이란, 기자가 동쪽으로 망명하자 주나라 무왕이 기자를 조선의 제후로 봉했고 기자가 8조 법금法禁으로 백성을 교화해 조선이 중국 왕조에 비견되는 문명국가가 되었다는 전설이다. 그러나 기자 관련 기록을 전하고 있는 문헌 자료를 엄정하게 살펴보면, 기자동래설은 실제로 일어난 사건, 즉 역사적 사실이 결코 아님을 알 수 있다.

소위 기자동래설이 실려 있는 최초의 문헌은 전한(기원전 206~서기 8) 때 복생伏生이 편찬한 책으로 알려진 《상서대전尚書大傳》*이다. 그 내용은 대략 이러하다.

상나라를 멸망시킨 주나라 무왕이 옥에 갇혀 있던 기자를 석방했다. 기자가 비록 상나라 주왕紂王의 비행을 간하다 갇히기는 했으나, 그 자신은 상나라의 신하를 자처했기 때문에 상나라를 멸망시킨 무왕에 의해 석방된 일을 차마 감수할 수 없어서 조선으로 망명했다. 무왕은 그 소식을 듣고 기자를 조선의 제후로 봉했다. 기자는 주 왕실로부터 봉지封地를 받았으므로 신하의 예를 행하지 않을 수 없었다. 무왕 13년에 기자가 무왕을 뵙기 위해 주나라의 조정을 방문했다. 이때 무왕이 기자에게 천하를 다스리는 대법인 홍범洪範을 물었다.

이런 사적史籍, 이른바 기자동래설은 《상서대전》보다 더 이른 시대인 선진先秦 시대(진대秦代 이전)의 문헌 자료에는 전혀 보이지 않는다. 《죽서기년竹書紀年》**에는 기자가 상나라 마지막 왕인 주에 의해 감옥에 갇혔고, 상나라가 멸망하고 주나라가 세워진 뒤 무왕 16년에 기자가 주 왕실을 방문했다고 기록되어 있다. 《상서尚書》《서경書經》

---

* 《상서尚書》, 즉 《서경書經》의 주석서.
** 고대 중국의 역사서로, 황제黃帝부터 위 양왕襄王까지의 역사를 기록했다.

에도 기자가 주나라 무왕 때 감옥에서 풀려났는데, 무왕은 상나라를 멸망시키고 주나라를 세운 후 기자를 찾아가(무왕 13년) 홍범(모범이 되는 큰 규범)을 배웠다고 서술되어 있다. 《논어》도 기자의 인물과 행적을 전하고 있다. 상나라의 마지막 왕인 주가 무도한 정치를 하자 상나라 말기의 현인賢人 3인 중 비간比干은 힘껏 간하다가 처형당했고, 미자微子는 일찍 주의 곁을 떠났으며, 기자는 거짓으로 미친 척하고 종이 되었다는 내용이다. 《주역周易》과 《좌전左傳》 등에도 기자와 관련된 정보가 나온다. 그러나 이들 문헌 어디에도 기자가 동쪽으로 갔다는 기자동래설이 전혀 보이지 않는다.

이처럼, 선진先秦 시대의 문헌 자료에는 기자를 덕과 학문을 지닌 어진 인물로 묘사했을 뿐 조선과의 관계, 즉 기자동래설에 관해서는 언급조차 없다. 다시 말해, 선진 문헌에는 기자와 조선의 관계가 전혀 보이지 않다가, 한대漢代 이후의 문헌들에 이르러서야 비로소 나타나기 시작한다. 기자동래설의 실체를 그대로 인정할 수 없는 이유가 여기에 있다. 선진 시대의 문헌 자료에는 나타나지 않던 내용이 후대의 문헌에 무슨 연유인지 덧붙어 있다. 그렇다면, 기자동래설은 후세에 조작되었을 가능성이 크다고 봐야 한다.

결론적으로 말해, 기자는 조선에 온 적이 없다. 1973년 대릉하大凌河 연안 지역인 랴오닝 객좌현喀左縣에서 기후箕侯의 명문이 있는 방정方鼎 등 청동기 6점이 출토되었다. (금문金文에서는 '기箕' 자는 '箕' 자와 동일하게 쓴다.) 이곳과 함께 이 일대 3개소에서도 많은 청동 예기가 출

고대, 한반도로 온 사람들

토되었는데, 서로가 10킬로미터 내외의 거리 안에 있다. 이들 유물의 제작 시기는 상나라 말기이므로 기자의 생존 시대와 일치한다. 그렇다면 이들 청동기가 어떻게 동북 지방, 나아가 조선 지역에 이르는 주요한 통로인 대릉하 연안에서 출토될 수 있었을까? 주나라에 의해 상나라가 멸망하자 기자가 그 일족을 데리고 피신한[84] 지역이 바로 대릉하 유역이었다는 해석을, 이들 청동기가 가능하게 해준다. 문제는 이들 청동기가 무덤이 아니라 교장갱窖藏坑에서 발견되었다는 데 있다. 교장갱은 지하에 구덩이를 파서 임시로 청동 예기 등을 저장해두는 곳이다.[85] 이런 정황은 기자와 그 일족이 이곳에 왔다 해도, 무덤이 필요치 않을 정도로 잠시만 거주했다가 곧바로 다른 지역으로 이동했음을 말해준다.

기자 일족이 대릉하 연안 지역을 거쳐 정착한 곳은 산둥성 일대로 보인다. 1951년에 산둥성 황현黃縣 남부촌南埠村의 고분에서 출토된 8점의 기 기簋器, 1969년에 산둥성 연대시烟臺市 남쪽 교외에서 출토된 기 후정箕侯鼎 등이 이런 추정을 뒷받침한다. 이들 청동 예기는 모두 교장갱이 아니라 무덤에서 출토되었는데, 여기에 쓰인 '기箕'자를 통해 기자 일족이 이곳에 정착했음을 알 수 있다. 이들 청동 예기는 서주西周(기원전 11세기~기원전 771) 후기부터 춘추 시대(기원전 770~ 기원전 403)에 걸쳐 제작된 유물이므로, 이 기간 동안 기자 일족으로 추정되는 집단이 산둥성 지역에 계속해서 살았음을 보여주는 증거가 된다.[86]

그럼 왜 '기자산동설'이 아니고 '기자조선설', 즉 기자동래설이 퍼졌을까? 그것은 아마도 기자가 잠시 중국의 동북 지방, 즉 랴오닝성에 망명한 데서 비롯된 것이라고 보인다. 앞서 말한 대로, 기자와 그 일족이 대릉하 연안 지역에 잠시 동안 거주한 뒤 동북 지방에는 기자가 망명했다는 전설이 전해 내려왔을 가능성이 크다. 기자 일족의 주력은 산동 지방으로 이주했을지라도 그 일부는 고조선 지역으로 갔을 가능성도 배제할 수는 없다. 고조선 주민 가운데 기자의 후예를 자처한 집단이 존재했기 때문이다. 중국 북부에서 부침을 거듭하던 5호 16국을 통일한 북위의 수도 낙양에서 조사된 〈왕기王基 묘지명墓誌銘〉은 자신의 선조가 은나라의 기자라고 밝히고 있다. "북위 고인故人 처사處士 왕군王君 묘지명. 이분의 이름이 기基이고, 자는 홍업洪業이다. 낙랑 수성인遂城人이다. …… 그 선조는 은(商)나라로부터 나왔으니 주 무왕이 은을 정복하고 기자를 조선에 봉했는데, 자손이 이로 인하여 성씨로 삼았다."[87]라는 구절이 해당 기록이다.

같은 낙랑 수성 출신 왕씨인 〈왕정王楨 묘지명〉에서도, 자기의 선조가 은나라 출신으로 주 무왕에게 홍범 9주를 전해준 인물, 즉 기자라고 기술하고 있다. "북위 고인 항주 치중恒州治中 진양남晉陽男 왕군 묘지명. 이분의 이름이 정이고, 자는 종경宗慶이다. 낙랑 수성인이다. …… 이듬해[515년] 3월 29일에 이장했다. …… 은나라에 3인의 어진 신하가 있어, 주 무왕이 홍범 9주를 물었다. 바로 이 종족宗族의 가문이라 하여 자손들이 조선후朝鮮候가 되었다."[88]라는 내용이 관련 기

고대, 한반도로 온 사람들

록이다. 이렇게 북위의 도읍인 낙양에 정착한 낙랑왕씨는 자신의 가계를 기자와 직접 연결하고 있다.

고구려는 313년에 낙랑군을 복속시켰다. 이때 왕준王遵이 낙랑군 유민 중 1,000여 가구를 이끌고 모용외의 전연前燕(5호 16국 중 하나)에 귀순했고, 모용씨 정권은 왕준 집단을 요서 지역으로 이주시키고 그 곳에 낙랑군을 설치했다.[89] 물론 이 낙랑군은 교군僑郡, 즉 옛 낙랑군 지역을 수복할 때까지 임시로 설치된 군현이었다. 교군임에도 불구하고 낙랑군은 5호 16국의 전진前秦 및 후연後燕을 걸쳐 북연北燕 시절까지 존속했다.[90] 하지만 옛 낙랑군 지역을 끝내 되찾지는 못했다. 왕준으로 대표되는 낙랑왕씨는 4세기 초에 요서 지역에 정착했다가 6세기 전후에 북위의 황실과 혼인 관계를 맺으면서[91] 북위 사회의 유력 가문으로 부상했다. 기자의 후손을 자처한 이들 낙랑왕씨 일족이 유력 가문답게 북위의 도읍인 낙양에 정착하고, 그 일부가 죽은 뒤 묘지명을 남겨 자신들이 낙랑 출신으로 기자의 후손이라고 밝힌 것이다.

이들 낙랑왕씨가 자신의 가계를 기자로까지 소급한 이유는 무엇일까? 물론 이들이 실제 기자의 후손일 가능성도 배제할 수는 없다. 그러나 이들이 기자동래설을 인지한 뒤 가문의 위상을 높이기 위해 가문을 세탁한 방법이었을 수도 있다. 전설에서 기자가 제후를 지냈다는 조선이 바로 자신들의 고향인 낙랑군의 옛 땅이기 때문이다.

한편, 한반도에도 고구려가 평양으로 천도한 시절까지 기자의 후손을 자처하는 가문이 여전히 평양 일대에 거주하고 있었다. 이런 정황은 《삼국사기》 '제사祭祀'조에서 찾아볼 수 있다. 《삼국사기》는 중국의 《신당서新唐書》를 인용해 고구려 풍속에는 음사陰祀가 많다고 하면서 "영성靈星, 일日, 기자, 가한可汗 등의 신神에게도 제사를 올린다."라고 적고 있다. 이런 내용은 《구당서舊唐書》 이전의 역사서에서는 나오지 않는 정보[92]로, 평양 천도와 관련이 있는 기록으로 보인다. 이 중 기자신은 고구려가 평양으로 천도한 뒤 기자의 후예를 자칭했던 평양의 유력 가문을 포섭할 목적으로 국가 제사에 포함시킨 기자조선의 시조로 보인다. 따라서 이때까지도 기자의 후손을 자처하던 일족이 평양 지역에 거주하고 있었다고 보아야 한다.

그런데 《삼국사기》가 "그 나라 풍속에는 음사가 많다. 영성신, 일신, 가한신, 기자신 등을 섬긴다."라는 《구당서》의 기록은 제쳐두고, "영성, 일, 기자, 가한 등의 신에게도 제사를 올린다."라는 《신당서》 기사를 인용한 이유는 무엇일까? 두 인용문은 같은 내용으로 보이지만, 가한이 먼저 나오는가, 기자가 먼저 나오는가라는 중대한 차이가 있다. 이에 대한 의문은, "오랑캐의 군장君長들은 …… 선우單于니 가한可汗이니 한다."(《고려도경》, 건국)라는 기록을 통해 풀 수 있다. 이 문장에서 군장, 즉 임금을 뜻하는 가한이 단군을 가리킨다[93]는 주장에 의하면, 《삼국사기》 편찬자들이 기자신을 가한신인 단군 앞에 배치한 《신당서》 기록을 굳이 인용한 이유는 그들이 단군보다는 기자를 더 숭배했다는 표현에 다름 아니기 때문이다. 이들 편찬자가 중화문화의 상징인 기자를 단군보다 더 중시한 연유는 당시 중국이 세계에서 최고의 문명을 구가하고 있었다는 모화慕華 사상에 경도되어 있었기 때문이다.

이렇게, 기자가 조선으로 갔다는 전설, 이른바 '기자동래설'을 토대로 작성된 한대 이후의 각종 문헌은, 기자를 조선과 관련해 기록했을 가능성이 크다. 사실 기자가 조선에 망명했다는 시기인 기원전 11세기에는 조선에 관한 정보가 중원에 전혀 없었다. 중국 문헌 자료 가운데 조선에 관한 정보가 담겨 있는 최초의 문헌은《관자管子》와 《산해경》이다. 이들 문헌이 전국 시대(기원전 403~221)의 저작이라고 하지만, 사실은 한대(기원전 206~서기 220)에 편집된 책이다. 다시 말해, 이들 문헌에 담긴 고조선에 관한 정보는 한대의 인식이 반영되었다고 보아야 한다. 따라서 한대의 문헌 자료에서 비로소 기자가 조선에 망명했다는 언급이 등장하는 것은 한대 지식인의 인식이 반영되었다고 보아야 한다.

그렇다면, 한나라 지식인들이 기자동래설을 조작한 이유는 무엇일까? 한나라 무제는 기원전 108년에 위만조선을 멸망시키고 그곳에 한사군을 설치했다. 하지만 토착 세력의 저항으로 진번, 임둔 두 군은 설치 20년 만에 폐지되었고, 그 일부 지역은 기원전 82년에 낙랑군과 현도군에 통합되었다. 현도군 또한 고구려의 공격을 받아 기원전 75년부터 유명무실해져 결국 낙랑군만 남게 되었다.

따라서 중원 왕조는 옛 조선 지역을 효과적으로 지배하려면 무력에만 의존해서는 안 된다는 사실을 인식하고, 사대 명분론에 입각한 이념적 통치 방식을 모색하였다. 이에 따라, 상나라 멸망 후 기자의 막연한 행적에 착안해 조작해낸 논리가 바로 기자동래설이었다. 다시 말해, 기자가 동으로 와서 조선이 중국의 제후국이 되었기 때문에, 영원히 중원 왕조에 사대의 예를 수행해야 한다는 얘기다. 당시 동방의 유력 세력으로 등장한 조선을 항구적으로 통제할 목적으로 중원 출신인 기자와 그 후손을 조선의 통치자로 둔갑시킨 기자동래설을 만들어낸 것이다. 이런 조작의 기저에는 중국이 곧 세계의 중심이라는 중국인 특유의 중화주의가 자리 잡고 있었다.

중화주의자들은, 역사적으로도 기자의 후예 나라인 조선이 중원 왕조에 사대를 철저하게 수행해왔다고 강조했다. 그 단적인 사례는 《삼국지》〈동이전〉에 주석으로 인용된 《위략》의 기록이다. "주나라가 쇠약해지자 연나라가 스스로 높여 왕이라 부르고 동쪽으로 침략하려는 일을 보고, 옛 기자의 후예인 조선후朝鮮侯도 스스로 왕호王號를 칭하고 군사를 일으켜 연나라에 대항해 싸우며 주 왕실을 받들려 했다."라는 기사가 해당 정보다. 기자의 후손인 조선후가 주나라를 배신한 연나라를 징벌하려 했을 만큼 주 왕실에 대한 사대를 고수했다는 말이다.

한대 이래로 중화주의자들은 기자동래설을 기정사실로 규정하고, 그 설을 증폭시켰다. 《사기》, 《한서》, 《후한서》 등 한대와 그 이후에 편찬된 역사서에 '기자동래설' 관련 기사가 연이어 등장한다. 그 내

고대, 한반도로 온 사람들

용도 처음에는 일관성이 전혀 없고 유치했지만 시대가 흐를수록 세련되고 풍부해졌다.

한대에 편찬된 《사기》와 《한서》에는 기자동래설이 각각 〈송미자세가宋微子世家〉와 〈지리지〉에 실려 있는데, 정작 조선의 정보를 다룬 〈조선열전〉에는 기자에 관해 한마디 언급조차 없다. 가령 《사기》〈조선열전〉에는 위만조선과 그 이전의 조선에 관해서는 기록하면서도 기자에 관한 기록은 전혀 없다. 《한서》〈조선열전〉도 마찬가지다. 이런 현상은 두 사서가 편찬된 한대까지만 해도 기자동래설이 중화주의자들에게조차도 일반화되지 못했다는 실정을 보여준다. 또한, 《사기》 및 《한서》 편찬자 자신도 기자동래설을 확신하지 못했음을 알 수 있다.

전한 때에 편찬된 《사기》는 주나라 무왕이 기자를 조선의 제후에 봉했다는 기록만 적은 반면, 후한 시대에 편찬된 《한서》는 기자가 동래한 이후 조선에서의 행적을 한층 자세히 전하고 있다. 그 내용을 대략 정리하면 이러하다. '상나라의 도道가 쇠퇴하자 기자는 조선으로 갔는데 그 지역의 백성을 예의로써 교화하고 농사, 양잠, 길쌈 등을 가르쳤다. 그리하여 조선 백성은 원래 범금犯禁 8조만으로도 순후한 생활을 했다. 하지만 낙랑군이 설치된 뒤 중국 관리와 상인들의 영향으로 풍속이 점차 각박해져서 지금은 범금이 60여 조항으로 증가하게 된다.' 한마디로, 조선 백성은 기자의 교화를 받아 범금 8조만으로 다스려질 정도로 순후한 풍속을 지니고 있었다는 얘기다.

이런 내용은 진晉나라의 진수가 편찬한 《삼국지》와 남송의 범엽范曄(398~445)이 지은 《후한서》에도 보이는데, 옛 조선 지역의 정보를 다룬 〈동이열전〉에 실려 있다.

한편, 《사기》나 《한서》에는 기자의 후손에 관한 언급이 전혀 없다. 그렇다면, 사마천이나 반고의 시대인 한나라 시절까지는 '기자조선'이라는 개념조차 사실상 성립되지 않았다고 보아야 한다. 물론 한대 이후에 편찬된 《삼국지》 등에는 기자 후손의 사적史蹟까지도 비교적 자세하게 기록되어 있다. 가령 《삼국지》 〈동이전〉은 "옛날에 기자가 조선에 가서 8조의 교敎를 만들어 가르쳤으니 문을 닫지 않아도 백성들이 도둑질을 하지 않았다. 그 뒤 40여 세대가 지나 조선후 준準이 참람하게 왕이라 일컬었다."라고 서술하고 있다.

이런 경향은 조선 관련 기사에도 동일하게 나타난다. 다시 말해, 《사기》나 《한서》는 위만조선 이전의 조선 상황을 전할 때 그냥 조선이라는 표현을 사용했지만, 한대 이후에 편찬된 역사서에서는 모두 기자와 관련시켜 서술하고 있다. 예컨대, 《사기》와 《한서》 〈조선열전〉에는 연燕나라가 조선을 복속시켰다거나, 위만이 조선의 왕이 되었다는 간단한 표현만 나온다. "처음 연나라 때부터 진번과 조선을 침략해 복속시켰다. …… 위만이 진번과 조선의 오랑캐 및 연·제의 망명자를 복속시켜 거느리고 왕이 되었으며, 왕검에 도읍을 정했다."라는 구절이 관련 기록이다. 반면, 《후한서》 〈동이열전〉은 "일찍이 무왕이 기자를 조선에 봉했다. …… 그 뒤 40여 세대가 지나 조선후

고대, 한반도로 온 사람들

준에 이르러 스스로 왕이라 칭했다."라고 하며, 조선을 기자와 관련시켜 서술하고 있다. 《삼국지》〈동이전〉에서도 동일한 정보를 보다 자세하게 전한다. "옛날에 기자가 조선에 가서 …… 그 뒤 40여 세대가 지나 조선후 …… 준이 참람하게 왕이라 일컫다가 연나라에서 망명한 위만의 공격을 받아 나라를 빼앗겼다. 준왕은 그의 근신近臣과 궁인宮人들을 거느리고 도망하여 바다로 들어가 한韓의 지역에 거주하면서 스스로 한 왕韓王이라 칭했다. 그 뒤 준의 후손은 멸망했으나 지금 한인韓人 중에는 아직 그의 제사를 받드는 사람이 있다."라는 내용이다.

이렇게, 역사상 모든 조작이 그러하듯이, 기자동래설에 관련된 정보의 조작도 처음에는 불완전하게 이루어지다가 시대가 점차 흐를수록 그 내용이 한층 세련되고 풍부해지면서 완결된 구조로 완성되는 식이었다.

고려의 시조가 단군이라는 역사상을 만들다

이렇게 조작된 기자동래설을, 고려 이래로 한반도의 소중화주의자들은 사실로 받아들였다(이하에서 다룬 기록 외에는 고려시대 자료에 기자 관련 내용이 없다). 1102년(숙종 7) 예부禮部에서 기자의 사당인 기자사箕子祠를 평양에 세워 제사하자고 국왕 숙종에게 건의했다. 고려의 교화와 예의가 기자로부터 시작되었다는 데 근거한 제안이었다. 이 건의가 받아들여져 기자사가 설립되었고, 봄과 가을에 정기적으로 국가의 제사를 지내게 되었다. 이어 조정은 1178년(명종 8)에 제사 비용 등 기자 사당의 운영비를 안정적으로 마련할 수 있도록 유향전油香田 50 결을 지급했다.[94]

고려의 조정이 기자의 사당을 짓고 제사를 올린 연유는 기자가 고려의 옛 땅, 즉 조선 땅을 봉지로 받았다고 믿었기 때문이다. 마침내 고려 왕조의 역사관을 대변하는《삼국사기》는 기자가 주 왕실의 봉지를 받은 뒤부터 자국사가 시작되었다고 선언하기에 이르렀다. 한마디로, 기자조선이 고려사의 출발이며 그 시조인 기자가 고려의 시조임을 국가 차원에서 공식 선언한 셈이다.

고려 후기의 지식인들 역시 소중화주의자였다. 그 단적인 사례는 이승휴가 자신의 저서인《제왕운기》에서 자기의 조국이 소중화小中華임을 자랑스럽게 노래하는 데에서 확인할 수 있다. "요동에 별도의 천지天地가 있으니, 중국 왕조와 우뚝 구분되며, …… 밭 갈아 먹고 우물 파서 마시는 예의禮義의 나라, 중국인이 이름 지어 소중화라 했다네"(《제왕운기》, 동국군왕개국연대東國郡王開國年代).

이런 사고방식에서 일연도 벗어날 수 없었다. 흔히 일연은 김부식과 달리 자주적 인물로 알고 있지만, 그 역시 소중화주의자에 불과했다. 이런 정황은 그의《삼국유사》서술 방식에서 확인된다.《삼국유사》는 고조선, 고구려로 이어지는 계열의 국가 활동보다 기자조선, 위만조선, 한사군, 삼한으로 연결되는 계통의 국가 활동을 더 큰

고대, 한반도로 온 사람들

비중으로 다루고 있다. 특히《삼국유사》기이 편 '마한 및 진한'조에 서는, 마한은 기자조선의 후예가, 진한은 진나라의 유민이 세운 나라로 기술했다. 삼한의 주도 세력 모두를 중국 계통으로 파악한 셈인데, 여기서 일연의 소중화주의자로서의 면모가 여실히 드러난다.

이렇게 고려의 지식인들은 기자동래설을 신봉할 수밖에 없었다. 그들은 중국에서 일찍부터 성인으로 추앙받던 기자가 조선에 와서 백성을 교화해 문명국가로 만들었다는 전설의 내용을 자랑으로 받아들였다. 이들은 중국과 자기 나라[東國]는 기자 이래로 문화적으로 한 집안을 이루었으므로 서로 다른 나라가 아니며, 우리의 문화 수준도 중국에 결코 뒤지지 않는다는 신념을 기자동래설을 통해 내면화한 격이다. 그렇다고 이들 소중화주의자를 무턱대고 사대주의자로 매도할 수는 없다. 당시 중국이 최고의 문명을 구가하고 있다고 인식한 소중화주의자들이, 자신의 나라도 중국식 모델을 받아들여 또 다른 중화가 되어야 한다는 신념을 가진 것은 어찌 보면 당연하다. 심지어 그들은 원 제국 역시 중화 제국으로 인식했다.

이처럼, 소중화 의식을 지닌 일연 등이 자국사의 첫 왕조가 중국의 요 임금과 같은 시기부터 존재했던 오랜 역사적 전통을 지닌 자랑스러운 나라였다고 전하는《고기》나《본기》의 기사에 주목한 것은 극히 자연스러운 현상이었다. 더구나 이들 기록에는 중국의 이상적인 제왕인 요와 순의 선양 관계처럼 단군이 기자에게 선양했다는 인상을 주는 기사도 포함되었기에 더욱 그러했다.

《제왕운기》는《본기》를 인용해 단군과 기자의 계승 관계를 전하고 있다. 그 내용은 다음과 같다.

단군은 요 임금과 같은 해 무진년에 나라를 세워 순舜 임금을 지나 하나라까지 왕위에 계셨도다. 상나라 무정武丁 8년 을미년에 아사달에 입산하여 산신이 되었으니, 나라 누리기를 1028년, 그 조화 석제釋帝이신 환인의 유전한 일, 그 뒤 164년에 어진 사람[기자]이 나타나서 군君과 신臣을 마련했다.

이승휴는 "단군이 기자가 조선의 제후에 봉해질 일을 예견하고 물러나 산신이 되었다."라는 식으로 서술해 단군과 기자의 계승 관계를 다소 불명확하게 표현하고 있다. 아무래도 대의명분을 중시하는 유학자인 이승휴로서는 양자의 승계 관계가 찬탈로 간주될 수도 있었기 때문에 완곡하게 기술했을 수도 있다.

반면,《삼국유사》는《고기》를 인용해 단군과 기자의 계승 관계를 보다 명확히 기록하고 있다.

단군 왕검은 당요唐堯 즉위 50년 경인에 평양성에 도읍하고 처음으로 조선이라고 칭했다. 또 도읍을 백악산白岳山 아사달로 옮겼는데, 이곳을 궁홀산弓忽山이라고도 하며 또 금미달今彌達이라고도 한다. 1,500년 동안 나라를 다스렸다. 주나라 무왕이 즉위한 기묘년에 기자를 조선에 봉하니 단군은 곧 장당경藏唐京으로 옮겼다가 뒤에 돌아와 아사달에 은거하여 산신이 되었다.

일연과 이승휴는 평양 일대 고조선계 주민들의 전승을 기록한《고기》등을 가지고서 중국의 요 임금과 같은 시기에 선조들이 나라를 세워 중국 못지않게 유구한 역사를 지녔다는 역사상을 만들어냈다. 더구나 요와 순의 관계처럼 단군에게 선양받은 기자에 의해 선조들의 첫 나라가 중국과 같은 문명국가, 즉 소중화가 되었다는 자랑스러운 역사상을 창안해냈다. 자국사가 기자에게서 시작되었음을 강조해야 했기에, 기자와 관련된(기자에게 선위한) 단군을 언급하지 않을 수 없었던 것이다.

앞서 말했듯이, 일연과 이승휴는 부여나 고구려에 흡수된 고조선 계통의 일부 유민이 자신들의 우월성을 과시하기 위해 부루나 주몽을 단군의 후손으로 조작한 전승 기록을 토대로 부여와 고구려가 고조선을 계승했다는 역사 체계를 만들었다. 일연보다는 이승휴가 보다 완결된 구조의 단군상을 고안했는데, 일연은 부여와 고구려만 들고 있지만 이승휴는《본기》를 인용해 신라, 고구려, 남·북옥저, 동·북부여, 예맥이 모두 단군의 후예라고 했다. 심지어 그는《제왕운기》중 '한사군과 열국기漢四郡及列國紀'에서 부여, 비류국, 신라, 고구려, 옥저, 예맥 등 삼한 70여 국의 군장이 모두 단군의 후예라고 단정했다.

이제, 애초의 질문으로 돌아가보자. 일연과 이승휴는 왜 자기들 역사의 출발이 고조선이며 그 시조는 단군이었다는 단군상을 창출했을까? 바로 시대 상황 때문이었다.

이승휴는 《제왕운기》 충렬왕조에서 "천자의 누이가 대궐 살림을 맡고, 황제의 외손자는 세자[충렬왕]가 되니, 조상으로부터 물려온 왕업이 다시 빛나네."라고 노래하고 있다. 이처럼 이승휴는 자신이 살던 시대가 고려 왕조가 중흥할 시기로 인식하고 있었다. 다시 말해, 그는 자신의 시절을 원나라의 후원으로 무신 정권을 마감하고 왕정 회복을 이룬 고려 왕조가 계속 번영할 절호의 기회로 파악했다.

물론 당시 상황은 그렇지 않았다. 고려와 원의 관계는 정상적인 외교 관계가 아니었다. 사실상 고려는 원나라의 식민지나 다름없었다. 원나라는 일본 정벌 때에는 고려에 전함을 비롯한 군수품만 아니라 군사 동원까지 부담시켰고, 철령과 자비령 이북의 땅을 빼앗아갔다. 또한, 원 조정은 내정 간섭을 일삼고 각종 명목으로 엄청난 공물을 강요했으며, 심지어 수천 명에 달하는 고려 처녀를 공녀라는 이름으로 징발하기까지 했다. 따라서 이승휴 등 당시 지식인은 이런 식민 통치와 다름없는 비정상적인 관계를 시정할 필요성을 절감했다. 그것은 고려 왕조가 원과의 관계에서 독자적인 지위를 얻을 정당성을 확보할 역사적 근거를 찾으려는 노력으로 나타났다. 그 결과, 일연과 이승휴는 새로운 단군상을 창조했다. 아울러 고려가 기자의 교화로 중국에 뒤지지 않는 문화 수준을 가진 소중화라는 역사상도 창안했다. 기자를 강조하기 위해 평양 지역의 전승을 차용했으며, 단군을 중국사에서 이상적인 제왕으로 꼽고 있는 요 임금과 같은 시기에 하늘과 연결되는 신성한 내력을 지닌 인물로 그린 단군신화를 완성했다. 고려의 역사는 단군이 세운 고조선에서 시작되며, 고조선 이후에 등장한 역대 왕조들도 단군의 후예라는 역사상은 이렇게 만들어진 것이다.

실제로 이승휴가 1274년(원종 15)에 사신단 일원인 서장관書狀官으로 원에 갔을 때, 세자[충렬왕]는 원 세조를 설득해 고려가 독자적인 체제를 유지하는 조치를 허락받았다. 《고려사》 '이승휴열전'에는 "너희[고려] 역대 임금이 제정한 제도는 하나라도 빠뜨려 잃지 말 것이며, 옛 것에 따라 그대로 시행하라."라는 세조의 조칙이 인용되었다. 뒷날 원의 고려에 대한 내정 간섭이 심해지거나 아예 고려 왕조 자체를 말살하려는 책동이 있을 때마다 고려 지배층은 그에 대항하는 논리의 핵심 근거로 이 조칙을 내세우고는 했다.

소중화주의자의 단군상을 공인한 조선 왕조

고려 후기 일부 소중화주의자가 만들어낸 단군상은, 조선 시대에 와서 국가 차원의 공인을 받는다. 자국사의 출발이자 시조로서 말이다. 당시 유학자 출신 조선 지배층의 일반적인 역사 인식, 즉 통설이 되었다는 뜻이다. 왕조 개창 직후부터, 단군을 국가의 제사 규범에 등재해 국가 차원에서 공식적으로 제사를 모시자는 논의가 일어났다.

"조선의 단군은 동방에서 처음으로 천명天命을 받은 임금이고, 기자는 처음으로 교화를 일으킨 임금이오니, 평양부平壤府로 하여금 때에 따라 제사를 드리게 할 것입니다."(《태조실록》, 태조 1년 8월 11일)라고 예조에서 건의하고 나섰다. 단군이 역사상 최초로 국가를 세웠으며 기자가 문명을 창시했으니, 국가 기관인 평양부에서 둘의 제사를 지내게 하자는 건의다. 국가 기관이 양자의 제사를 모시자는 주장은 단군의 실재를 국가가 공인한 일이었으며, 조선 왕조 역시 단군의 후예라는 선언에 다름 아니었다.

단군의 제사는 곧바로 실행되지 않았다가 1412년(태종 12)에 처음 시행됐다. "임금이 '기자의 제사는 마땅히 사전祀典에 싣고, 봄과 가을에 제사를 드리어 숭덕崇德의 의를 밝혀야 합니다. 또 단군은 실로 우리 동방의 시조이니, 마땅히 기자와 더불어 한 사당[廟]에서 제사 지내야 합니다.'라는 예조의 건의를 그대로 따랐다"(《태종실록》, 태종 12년 6월 6일). 고려 시대까지만 해도 기자는 국가 제사의 대상이었으나, 단군은 평양이라는 한 지역의 시조로 간주해 국가 제사의 대상이 아니었다. 그러다가 이때 와서 단군도 비로소 국가의 제사를 받게 되었다.

그런데 단군의 제사는 기자의 제사보다 격이 낮았다. 셋방살이하듯이 기자의 사당[箕子祠]에 단군이 함께 모셔졌기 때문이다. 양자의 위상 차이는 제전祭田의 유무에서도 짐작할 수 있다. "기자 사당에는 제전이 있고 단군을 위해서는 없기 때문에, 기자에게는 매달 초하루와 보름마다 제물을 올리고, 단군에게는 봄과 가을에만 제사한

고대, 한반도로 온 사람들

다"(《세종실록》, 세종 7년 9월 25일). 제전이 따로 있는 기자는 매달 두 차례 제사를 받지만, 단군의 제사는 1년에 두 번만 지낼 뿐이었다.

그러다가 1429년에 와서 비로소 독립된 단군 사당이 세워졌다. 저간의 사정은 《세종실록》 세종 7년 9월 25일의 다음 기록에서 확인할 수 있다.

> 정척鄭陟이 글을 올리기를, "…… 현재 단군 신위神位*를 기자 사당에 배
> 향配享하게 되어서 한 방에 함께 계시는데 홀로 단군에게는 초하루와
> 보름 제물을 올리지 아니한다는 일은 또한 미안하지 않을까 합니다.
> 신의 생각에는 단군사檀君祠를 별도로 세우고, 신위를 남향하도록 하여
> 제사를 받들면 거의 제사 의식에 합당할까 합니다."라고 했다. 임금이
> 이 글을 예조에 내려 그대로 이행하도록 명령했다.

이렇게 국왕의 지시를 받은 조정은 마침내 1429년(세종 11)에 기자사 남쪽에 단군사를 완공했다. 이때 건립된 단군 사당에는 고구려의 시조 주몽을 더불어 모셨지만 사당 주인은 단군이었다.

이런 과정을 거친 시조 단군의 공인 작업은 세조 때 완결되었다. 1456년(세조 2) 조정은 단군의 위패를 '조선단군朝鮮檀君'에서 '조선 시조 단군지위朝鮮始祖檀君之位'로 바꾸어 자기들 시조로서의 지위를 공식화하였다. 이와 더불어, 기자의 신위를 '후조선 시조 기자後朝鮮始

---

* 죽은 사람의 영혼이 의지할 자리. 죽은 사람의 사진(초상화)이나 지방紙榜 등을 이른다.

祖箕子'에서 '후조선 시조 기자지위'로 바꾸었다. "조선 단군의 신주神主를 조선 시조 단군지위로, 후조선 시조 기자를 후조선 시조 기자지위로, 고구려 시조高句麗始祖를 고구려 시조 동명왕지위東明王之位로 고쳐 정했다."《세조실록》, 세조 2년 7월 1일)라는 기록이 해당 정보다. 이로써 국가가 '조선(단군) - 후조선(기자)'로 이어지는 계승 관계를 추인한 동시에, 단군이 자국사의 출발이자 시조이라고 공식 선언한 셈이다.

이런 과정을 거쳐 단군은 마침내 국가에서 편찬한 역사서의 첫머리를 장식하게 된다. 바로 1479년(성종 6)에 나온《삼국사절요三國史節要》등이다. 노사신盧思愼 등이 편찬한《삼국사절요》는 정보의 신빙성에 하자가 있는 경우에는 연대순으로 서술하는 편년 체제가 아닌 '외기外紀'* 체제를 채택해서 기술했는데, 고조선 부분도 외기에 간략하게 서술하고 있다. 이어 1484년에 완성된《동국통감東國通鑑》역시 현재 전해오는 단군 관련 정보를 불완전한 내용으로 보아《삼국사절요》처럼 본기本紀가 아닌 외기에서 다루었다.[95] 단군이 직접 하늘에서 내려와 조선을 세웠으며, 기자가 동래하기 전에 아사달에 들어가 산신이 되었다는 내용이 그 얼개다.

《삼국사절요》는 고대사를,《동국통감》은 고대에서 고려 시대까지의 역사를 정리한 역사서로서, 조정에서 편찬된 사서라는 점에서 이후 유학자들의 역사관에 큰 영향을 끼쳤다. 바로 이들 역사서를 통

---

* 본문 이외의 기록, 부기 형태로 서술한 기사를 말한다.

고대, 한반도로 온 사람들

해 단군이 자기들 역사의 출발이자 시조라는 인식이 널리 퍼져나갔기 때문이다. 다만, 조선 전기의 역사서에서는 단군을 본기가 아닌 외기에서 다루고 있으며, 인간이 아닌 신적 존재로 서술하고 있어 명실상부하게 자기 역사의 시작으로 끌어올리는 데는 미흡했다고 할 수 있다.

조선 시대에도 단군보다 기자가 중시되다

1392년 11월 29일 조정은 국호 후보로 조선과 함께 이성계의 고향인 화녕和寧을 선정하여 명나라 황제에게 보고했다. 이듬해 2월 명나라는 "동이東夷의 국호에 다만 조선의 칭호가 아름답고, 또 이것이 전래한 지가 오래되었다."(《태조실록》, 태조 2년 2월 15일)라며 새 왕조의 국호를 조선으로 삼게 했다.

이성계李成桂 등 건국 주도자들이 새 왕조의 국호 후보로 '조선'을 올린 이유는 무엇이고, 명나라가 '조선'을 택한 연유는 무엇일까? 그 까닭은 명나라에 보낸 외교 문서인 표문表文을 통해 짐작할 수 있다. "옛날 기자의 시대에 있어서도 이미 조선이라는 칭호가 있었습니다. 이에 아뢰어 감히 천자께서 들어주시기를 청했는데, 유음兪音(신하의 말에 대하여 상전이 내리는 대답)이 곧 내리시니 특별한 은혜가 더욱 치우쳤습니다"(《태조실록》, 태조 2년 3월 9일). 조선이라는 이름을 추천한 이유와 허락한 이유 모두 기자조선 때문이라는 얘기다.

이렇게 조선의 지배층이 기자를 숭배한 만큼, 기자를 격상하려는 움직임도 전개되었다. 이런 정황은 "옛날 주나라 무왕이 상나라를 정복하고 상나라의 태사太師를 우리나라에 봉하여, 그[주나라 무왕]의 신하 노릇을 하지 않으려는 뜻을 이루게 하였도다."《세종실록》, 세종 10년 4월 29일)라는 세종의 발언에서 감지할 수 있다. 무왕이 상나라의 태사인 기자를 중원 땅이 아닌 우리 동방에 봉한 이유가 군신 관계를 맺지 않게 하려는 조치라는 얘기다.

주 무왕과 기자가 군신 관계가 아니라면, 기자는 제후인 조선후가 될 수 없다. 당연히 칭호 문제가 제기된다. 기자 칭호를 격상하자는 주장은 기자 사당을 관리하는 평양 감사에게서 나왔다. "《사기》에 이르기를, '무왕이 기자를 조선에 봉했으되 신하로 여기지 않았다.'라고 했습니다. 이제 와서 조선후라는 명칭을 기자라는 칭호 위에 쓰는 일은 신臣은 유감스럽게 생각합니다. …… 이러므로 마땅히 존호를 추숭追崇하여 올리고 봉작封爵을 더해야 합니다"《세종실록》, 세종 10년 8월 14일). 기자가 무왕의 봉함을 받았지만 신하가 되지 않았기 때문에 제후라고 할 수 없으니, 존호와 봉작을 올리자는 주장이다.

국왕 세종은 이런 논의를 수용해 기자의 위패를 '조선후 기자지위箕子之位'에서 '후조선 시조 기자'로 바꾸었다. "좌의정 황희黃喜, 우의정 맹사성孟思誠, 찬성 허조許稠 등은 '후조선 시조 기자'라고 하는 것이 마땅하다고 하고, 총제 정초鄭招는 '조선 시조 기자'라고 하는 것이 마땅하다고 했다. 임금이 황희 등의 의논에 따랐다"《세종실록》, 세종

고대, 한반도로 온 사람들

12년 4월 8일). 이제 기자는 제후에서 후조선 시조로 격상되면서 제후가 아닌 독립 군주로 공식 인정받게 되었다(앞서 언급했듯이, 기자 위패는 세조 때 '후조선 기자지위'로 또 한 번 바뀐다).

　명분과 의리를 중시한 사림파가 중앙 정계에 본격 진출한 16세기가 되면 기자 숭배는 한층 고조, 심화된다. 그 단초는 이미 《동국통감》의 기자상에서 나타난다. 세조 때 거의 완성되었다가 중단된 《동국통감》 마무리 작업에는 사림파도 참여했다. 조선 초기 관찬 역사서의 대미를 장식한 《동국통감》은 우리나라의 의복과 제도가 모두 중국과 같아지고 예악禮樂의 나라, 인의仁義의 나라로 불리게 된 연유가 모두 기자의 교화 덕분이라고 단정한다. 또한 《동국통감》은 기자조선에서 마한으로 이어졌다고 주장한 반면, 단군과 그의 조선은 극히 소략하게 다루어 고대사 체계를 기자 중심으로 바꾸어놓았다. 조선 후기의 유학자들이 이른바 삼한정통론三韓正統論을 들고 나와 단군과 그의 조선이 서자 취급을 받게 된 토대가 바로 여기서 마련된다.[96]

　이제 사림파에게 자기들 역사의 출발이자 시조라는 단군상은 퇴색했다. 이런 사정은 "신 등이 우리 동방을 생각하건대, 단군 때로 말하면 먼 옛날이라 징험할 수 없으며, 기자가 나라를 세우고서야 겨우 8조를 시행하였을 뿐이었다."(《중종실록》, 중종 12년 8월 7일)라는 기록에서 짐작할 수 있다. 이 기사는 사림파의 영수 김굉필金宏弼 등을 문묘文廟에 종사하자고 건의하는 성균관 유생들의 상소문 중에 나온 내용이다. 사림파는 단군의 사적을 신빙할 수 없었다고 인식했기 때문에 그들에게는 자국사의 출발이자 시조라는 단군상은 희석될 수밖에 없었다.

이런 사림파의 인식은 이이李珥의 지적에서도 확인할 수 있다. 이이는 《기자실기箕子實紀》에서 "단군이 제일 먼저 등장했으나, 문헌이 없어 헤아릴 수 없다. …… 기자가 군주로 군림한 뒤에야 우리 동방[我東]이 비천한 동이東夷가 되지 않고 …… 중화 문명국이 되었다."라고 썼다. 이처럼 단군의 사적은 불신되는 반면, 기자는 조선의 시조이자 중국과 비견되는 문명국을 이룩한 영웅으로 부각되었다. 이런 인식은 조선 후기까지 지속되었다. 영조는 "기자가 동방으로 오면서부터 오랑캐가 변해서 중화 문명국이 되었다[變夷爲華]."(《영조실록》, 영조 23년 3월 18일)라고 발언하기까지 했다.

이런 기자 숭배 풍조와 맞물려 기자 관련 책들이 쏟아져 나왔다. 선조 때의 문신인 윤두수尹斗壽는 기자와 관련된 중국 및 한국 측 문헌 자료를 수집해 《기자지箕子志》를 편찬했다. 이이는 《기자지》가 자료집일 뿐이라고 비판하면서, 기자와 그의 조선을 체계적으로 알리기 위해 《기자실기》를 저술했다. 여기에는 기자의 건국에서 기자조선의 멸망에 이르는 과정, 기자조선의 역대 왕들의 계보와 재위 기간이 개괄적으로 서술되어 있다. 특히 《기자실기》는 관자管子와 안자晏子가 제齊나라의 성인聖人이고, 공자가 수사洙泗의 성인이며, 정자程子와 주자朱子가 낙민洛閩의 성인이듯이, 기자는 우리 동방의 성인

이니, 우리는 기자를 관자·공자·주자 등과 동등한 성인으로 인식해야 한다고 강조했다.[97]

조선 후기에 와서는 이가환李家煥과 이의준李儀駿이 기자의 토지 제도를 정전제로 규정하고 관련 연구들을 모아《기전고箕田考》를 편찬했고, 한백겸韓百謙은 그 가운데 〈기자도〉와 〈기전설〉을 지었으며, 서명응徐命膺은 기자가 동래한 이후의 사적을 밝힌《기자외기箕子外紀》를 편찬했다.

이리하여 기자동래설, 동방 도학道學의 시조, 정전제 및 8조 범금의 시행자 등 종래 기자와 관련된 기록들이 의심할 여지없는 진실로 받아들여졌다. 기자는 정전제 등을 실시한 왕도 정치의 구현자이자 동방 도학의 시조로서, 중화 문명을 꽃피운 공자와 같은 성인으로 추앙받기에 이르렀다. 이런 기자의 위상에 반비례해, 한반도 왕조의 역사 전통에서 차지하는 단군의 위상은 격하되었다.

이런 시대 분위기에서, 고조선 이후 역대 왕조가 모두 단군의 후예라는 역사상을 전면 부정하는 주장도 제기되었다. 선두 주자는 홍여하洪汝河(1621~78)였다. 1672년(현종 13) 홍여하는《동국통감제강東國通鑑提綱》을 간행하며 그 책의 '범례凡例(일러두기)'에 "옛 역사서는 모두 단군으로부터 시작했다. 하지만 이제 기자로부터 끊어서 시작함으로써, 사마천의《사기》가 황제黃帝 이하를 끊어서 서술한 예에 의거한다."라고 썼다. 자국사에서 단군을 배제한 셈이다. 이어 홍여하는 '조선기朝鮮期'의 첫머리에서 "단군은 요 임금과 나란히 임금이 되었다. 이것이 단군조선이니, 개국한 지 1,000여 년이 되는 은殷 무정武丁(중국 상나라의 23대 왕) 때에 이르러 나라도 끊어지고 후손도 없다."라고 서술했다. 나라가 단절되고 후손조차 없다는 지적은 역대 왕조가 모두 단군의 후예라는 역사상을 전면 부정한 견해다. 이런 주장은 단군을 역사 전통에서 무의미한 존재로 규정한 선언에 다름 아니다. 대신, 홍여하는 자국사의 정통이 기자조선에서 출발해 '마한 – 신라'로 이어졌다고 했다. 이것이 바로 그가 처음 주창한 마한(삼한)정통론이다.[98]

이어 주자의 정통론을 수용한 이익李瀷(1681~1763)의 〈삼한정통론〉(《성호집星湖集》 권38)에서 기자 및 기자조선의 위상은 한층 확고해진다. 주자는 북종을 멸망시키고 본거지를 차지한 금金이 아닌 남송이 북송의 정통을 계승했다고 보았다. 북송의 후손이 남송을 세웠기 때문이다. 마찬가지로 이익도 자국사의 정통적 서장序章에 기자조선을 설정하고 기자조선과 마한을 직접 연결하고 있다. 그는 단군조선에서 이어진 기자조선의 정통이 위만조선 및 한사군에 의해 단절된 것이 아니라, 준왕이 마한 땅에 망명해 기자조선의 맥을 계승했다고 주장했다. 이처럼 이익은 기자조선에서 마한으로 이어지는 마한정통론, 즉 삼한정통론을 확립했다.[99]

안정복安鼎福(1721~91)은 이익의 삼한정통론을 발전적으로 계승했다. 전문 역사학자라는 평가를 받는 안정복은 1778년에 《동사강목東史綱目》을 간행했는데, 그 일러두기에서 "《동국통감》은 단군과 기자의 사적事蹟으로써 따로 외기外紀를 만들었으니, 그 뜻은 옳지 않다. 이제 정통은 기자로부터 시작하고 단군은 기자동래의 아래에 부기附記한다."라고 했다. 이런 서술 방식은 자국사의 서두에 기자조선을 설정하고 단군은 기자에 부수된 존재로 격하한 것이다. 한치윤韓致齋(1765~1814)의 《해동역사海東歷史》는 "단군의 사적은 모두 허황해서 정당하지 못하다."라고 평하며 단군의 존재마저 의심했다. 이처럼 조선 시대 내내 기자는 단군보다 높게 평가받았으며, 이런 경향은 시대가 흐를수록 보다 강화되고 심화되었다. 그러나 이런 역사상은 일제 강점기에 와서 완전히 바뀌었다.

한민족 전체의 시조로 등극한 단군

비록 소수이지만, 조선 후기에 와서 초기보다 단군의 위상을 더욱 부각시킨 견해도 있었다. 주목되는 책은 1667년에 나온 허목許穆(1595~1682)의 《동사東史》다. 《동사》는 단군에서 삼국까지의 역사를 기전체로 정리한 역사서로, 단군은 '단군세가'라는 독립 항목으로 다루어진다. 이런 서술 방식은 단군이 외기나 기자에 부수해 서술된 여타 역사서들과 비교하면 단군의 역사적 위상이 한층 제고되었다고 할 수 있다.[100]

단군정통론을 주창한 인물은 이종휘李鐘徽(1731~97)가 유일하다. 그의 단군정통론은 기자정통론, 즉 홍여하식 삼한정통론을 정면으로 부정하고 단군을 자국사의 출발로 내세웠다. 당연히 이종휘가 1780년대에 집필한 《동사東史》에서는 기자, 삼한 등과 함께 단군을 외기가 아닌 본기에서 다루었다. 고대사를 기전체 형식으로 정리한 역사서인 《동사》의 이런 서술 방식은 동국을 '동화東華', 즉 '동쪽의 중화'라고 칭하면서 단군을 중국 황제와 대동하게 기록하기 위한 체제였다.[101]

그 연장선상에서 "기자는 동방으로 와서 임금이 되었고, 단군은 요 임금과 나란히 세워 임금이 되었다. 맨 먼저 건국한 업적을 상고해보면 높여 받드는 절차에 있어 단군을 기자보다 더 존경하는 예가 합당하다."(《정조실록》, 정조 13년 6월 6일)라는 정조의 발언이 주목된다. 최초로 나라를 세운 단군이 기자보다 높이 숭배할 대상이라는 얘기다.

이런 인식은 개화기부터 점차 확산되었다. 오늘날의 교육부에 해당하는 학부學部는 1895년에 교과서 《조선역사朝鮮歷史》를 출판했다. 그 뒤 교과서용 혹은 계몽용 자료로 자국사 11종이 간행되었다. 이 중 2종만 '기자조선 - 마한 - 신라'로 이어지는 계통을 고대사의 주류로 서술했지만, 단군조선의 계통도 끊어지지 않은 채 '부여 - 고구려'로 이어졌다고 단서를 달았다. 나머지 책은 모두 단군을 책의 첫머리에서 다루었다.[102]

이렇게 개화기에 접어들면서 자국사 관련 서적 대부분이 단군과 단군조선을 역사적 사실로 서술하면서 이런 인식이 널리 퍼져나가게 되었다. 아무런 단서를 달지 않은 채 책의 서두를 차지했으니, 그

고대, 한반도로 온 사람들

런 류의 역사책으로 배운 사람들은 별다른 의심 없이 단군과 단군조
선의 존재를 신빙할 수밖에 없었을 테다.

교육 현장에서 이런 내용의 교과서가 채택되어 수업에 활용되면
서, 자국사 지식의 향상뿐만 아니라 단군에 관한 정보도 널리 퍼져
나가게 되었다. 《황성신문皇城新聞》1905년 3월 22일자 논설에서 이
런 정황을 엿볼 수 있다.

전에는 선비들이 …… 정작 우리나라의 역사와 서적에는 캄캄했다.
당초에 알 생각도 않고 혹 토론하는 자리에서는 입도 벙긋 못했다. 근
래에 학부에서 본국 소개를 여러 가지로 간간이 하니 각 학생들이 당
연히 공부할 걸로 아는 고로 비록 삼척동자라도 단군 이후 몇 천 년 내
력을 능히 이야기하는 아이들이 많이 있다.

평민 출신 의병장인 신돌석申乭石(1878~1908)이 단군을 시조로 내세
운 개화기 교과서로 배웠는지는 확인할 수 없다. 그러나 "누樓에 오
른 나그네 갈 길을 잊고서 / 낙목落木이 가로놓인 단군의 터전을 한
탄하노라 / 이칠二七 남아男兒가 이룬 일 무엇인고 / 추풍秋風에 비껴
있노라니 감개만 일어나노라"라는 그의 시를 보면, 신돌석은 자기의
조국을 '단군의 터전'으로 인식하고 있었다.

이렇게 해서 대한제국 말에 오면서 단군이 민족 전체의 시조이며,
한국인은 모두 단군의 자손이자 단일 민족이라는 관념이 생겨나게

되었다. 당시 신문 등에서는 '단군 자손' '단군 혈손血孫' '단군 후예'라는 표현이 자주 등장했다. 물론, 단군이 시조라고 한 표현은 한말이 처음은 아니다. 앞서 지적한 대로 조선 초기에도 단군을 '조선 시조'라고 칭했다. 그러나 이때 시조의 의미는 다르다. 당시의 표현을 보면 단군은 '동방시수명지주東方始受命之主', 다시 말해 동방에서 처음으로 천명天命을 받아 국가를 있게 한 존재다. 따라서 이때의 시조란 국가의 시조, 즉 국가를 처음 만든 시조라는 뜻이다.

왕조 체제에서는 '국가=군주'다. 국가의 시조란 곧 군주의 시조라는 의미다. 하지만 단군은 조선 왕조와 혈연으로 연결되지 않는다. 이처럼 혈연적 조상이 아닌, 이전 왕조의 군주를 정치적 조상이라 한다면, 단군은 조선 왕조의 정치적 시조라고 할 수 있다는 말이다. 단군을 비롯해 기자, 고구려의 주몽, 고려의 왕건 같은 정치적 조상은 추앙의 대상이 된다. 같은 맥락에서, 이들 정치적 조상을 국가 제사로 모시는 행위는 정치적 시조들과의 계승 관계를 강조하고 이를 통해 왕조의 정통성과 정당성을 과시하는 조치였다고 할 수 있다. 뿐만 아니라, 한말 이전에는 구성원 전체가 단군의 후손이라는 관념이 있을 수 없었다. 엄격한 신분제 사회에서 왕, 양반, 평민, 심지어 천인까지 신분을 초월하여 공통의 조상을 가진 한 인종이라는 논리는 도저히 가능하지 않았다.[103]

그럼, 한국인 전체가 단군의 후손이라는 인식은 구체적으로 언제부터 등장했을까? 구성원 전체, 즉 민족이 단군의 자손이라는 표현

고대, 한반도로 온 사람들

이 기록상 확인되는 해는 1908년 무렵부터다. 예컨대,《대한매일신보大韓每日申報》1908년 1월 1일자 논설 '신년송축新年頌祝'에 "단군시조자손檀君始祖子孫으로 이 국가國家를 이질손가"라는 표현이 처음 등장한다.《황성신문》은 이보다 약간 늦은 1908년 3월 13일자 논설 '금일의 사람은 모두 형제이다[凡今之人 莫如兄弟]'에 "이천만민족二千萬民族은 동일단군자손同一檀君子孫이니"라는 표현이 나타난다.

언론에서는 1908년에 처음 등장했지만, 1904년에 이미 '단군의 자손'이라는 표현이 쓰인 문서가 있다. 1880년대 평안도에서는 김염백金廉白(?~1894)이 주도한 단군 신앙 운동이 일어났고, 백두산 지역에서 백봉白峰이 중심이 된 단군 교단이 생겨났다. 이 중 백봉의 단군 교단이 1904년 개천절 백두산에서 발표한 〈단군교 포명서檀君敎布明書〉에 "무릇 우리 동포 형제 자제는 모두 우리 대황조大皇祖 백세본지百世本支의 자손이요, 본교本敎는 4,000년 우리나라의 고유한 종교다."라는 구절이 있다.[104] 비록 사회 일각이겠지만 이미 1904년부터 우리 동포, 즉 한국인은 모두 단군의 자손이라는 표현을 사용하고 있었다.

단군의 자손이라는 의식이 출현한 대한제국 시기에 한반도는 사실상 일제의 식민지나 다름없었다. 1905년 일제는 이른바 을사보호조약을 강요해 외교권을 박탈했고, 1907년 한일신협약을 맺어 내정 통치 권한을 확보했으며, 얼마 남지 않은 군대조차 해산해 군사권마저 장악했다. 일제의 국권 침탈은 타자와 구별되는 자아에 대한 의

식을 뚜렷하게 했다. 한편, 갑오개혁 때 신분 제도가 폐지되어 구성원 간의 차이는 점차 희미해졌다. 이런 와중에 민족의 존재가 발명되고, 그 결과 '군주' 대신 '민족'이 국가의 중심 개념으로 부상하였다.

이 과정에서 민족의식을 각성시키고 구성원을 결속시키는 상징이 필요했는데, 지식인 사이에서 널리 공유된 존재가 바로 기자와 단군이었다. 이 중 기자는 배제될 수밖에 없었다. 중국 출신인 기자는 당시 지식인들의 지상 과제인 민족 독립의 구심점 역할을 할 상징적 존재로 적합하지 않았기 때문이다. 이 무렵부터 기자는 아예 격하·배제되고 단군의 위상은 그만큼 확고해졌다. 이제 단군은 민족의 시조는 물론이고 민족의 상징이자, 현실에서는 독립 운동의 정신적 구심점으로 자리 잡게 되었다.

1911년 독립군 간부 양성을 목표로 설립한 신흥무관학교新興武官學校에서 부르던 "화려강산 동반도는 우리 조국이요, 품질 좋은 단군 자손 우리 국민일세. 무궁화 삼천리 화려강산, 우리나라 우리들이 길이 보전하세."라는 애국가의 가사가 저간의 사정을 증언한다. 신흥무관학교의 교직원과 학생들은 아침마다 애국가를 합창하면서 단군 자손으로서 자기 자신을 확인하고 자신의 조국을 재건해 영원히 보전하자는 사명을 맹세했다. 여기서 독립 투쟁의 주체가 '품질 좋은' 자질을 갖춘 '단군 자손'인 민족이다.

한국인의 시조이자 독립 운동의 구심점 단군은 이렇게 탄생했다. 단군 민족주의 만들기는 신채호申采浩(1880~1936)를 비롯한 민족주의 역사가들의 연구 성과에 힘입은 바가 크다. 그들은 일제의 식민 통치를 받게 된 원인을 민족정신의 쇠퇴에서 찾았고, 그 원인은 사대 모화 사상에 의해 민족의 독자성이 침식된 탓이라고 인식했다. 당연히 민족주의 역사가들은 외래 문물의 영향이 적었던 상고 시대의 문화와 역사를 탐구하는 데 치중했다.

이들 민족주의 역사가가 구성한 고조선상의 윤곽은, 만주와 한반도를 아우른 광대한 영역을 차지한 웅대한 제국이었다. 이들은 그 수도가 만주에 있었다고 강조했다. 나아가 고조선의 웅대함은 바로 고유한 민족 문화와 대륙을 호령하던 강인한 기상을 지닌 민족정신에서 비롯되었다고 했다.

이런 고조선상은 신채호의 〈독사신론讀史新論〉(1908) 첫머리를 장식한 "오호라, 우리 동국을 개창開創하신 시조는 단군이 아닌가. …… 그 강역疆域이 북으로 흑룡강, 남으로 조령, 동은 동해, 서는 요동이다. …… 단군의 무공武功이 이미 베풀어졌고 문덕文德이 이미 윤택하게 되었다. 이에 9이夷8만蠻이 연이어 항복해오니 원방遠方 이국異國이 귀화歸化하니라."라는 구절에서 엿볼 수 있다. 이렇게 탄생한 고조선상은 오늘날의 국수주의적 연구자들에게 그대로 계승되고 있다.

반면, 모화주의의 상징인 기자의 위상은 평가 절하되었고, 아예 존재마저 부정되었다. 일찍이 최남선崔南善(1890~1957)은 단군조선을 계승한 나라는 기자조선이 아니라 '개아지조선'이라는 견해를 피력했다. 민족주의 사가인 정인보鄭寅普(1893~1950)와 안재홍安在鴻

(1891~1965)도 각각 '검조선'과 '크치조선'이 한자로 기자조선으로 음사音寫되었다고 했다. 그 결과 중국의 기자가 조선에 와서 왕이 되었다는 설이 생겨났다는 주장이다. 이들 견해는 모두 기자조선과 관계 있는 낱말들의 음운音韻을 비교·검토해 주된 근거로 삼고 있다는 점에 결정적 오류가 있다. 세 학자가 기자조선의 본래 이름을 각각 '개아지조선' '검조선' '크치조선'으로 다르게 보고 있다는 데서 알 수 있듯이, 언어학적 고찰은 상상이나 추측의 범위를 벗어나지 못한 가설에 불과하다.

이들과 달리, 이병도李丙燾(1896~1989)는 《삼국지》〈동이전〉 속 기자의 후손이라는 준왕이 위만에게 왕위를 빼앗기고 한韓 지역으로 도망쳐 살면서 한 왕韓王이라 자칭했다는 문헌 기록에 주목했다. 준왕이 후에 한 왕이라 칭한 까닭은 그의 성이 한씨이기 때문이라고 본 그는, 기자조선은 '한씨조선韓氏朝鮮'이어야 한다고 주장했다. 하지만 준왕이 한 왕이 된 후에 그가 군장을 뜻하는 그 지역의 언어인 '한' '칸[汗]' 또는 '가한可汗'이라 불렸고, 그것이 한자로 韓으로 표기되었을 가능성이 농후하기 때문에, 기자동래설을 부정하는 결정적인 근거는 될 수 없다.

물론, 이들 견해는 식민지 시절 일부 관변 학자들이 시도한 중국인의 식민지라는 악의적인 한국사 왜곡에서 벗어나려는 노력의 차원에서 제기되었다는 점에서 그 동기는 충분히 평가받을 만하다. 하지만 어떤 결정적인 근거도 제시하지 않은 채 단지 민족의식만으로

고대, 한반도로 온 사람들

기자동래설을 부정하는 시도는 한국 학계의 편협한 민족주의 대두 때문이라는 비난을 면치 못할 것이며, 기자동래설을 인정하는 견해를 극복할 수도 없다. 앞서 자세히 살펴본 대로, 기자동래설은 한대 이후의 중화주의자들이 조작한 가설에 불과하다. 이런 사실을 근거를 가지고 밝혀낼 필요가 있다.

정부, 단군에게 법적 인격을 부여하다

단군은, 해방 이후 국가의 제도 속으로 수렴되면서 법적 지위를 부여받게 된다. 단군의 존재를 부인하면 법률 위반 행위에 해당한다는 뜻이다. 1948년 8월 15일 대한민국 정부가 수립되면서 단기檀紀가 '공용 연호年號'로 채택되었다. 아울러 단군이 고조선을 건국했다고 알려진 날인 개천절도 국경일로 지정되었다. 대한민국 정부가 단기와 개천절에 법적 지위를 부여한 조치는 한국인이면 누구나 단군 및 단군조선의 존재를 의문의 여지없는 역사적 사실로 받아들여야 한다는 공식 선언에 다름 아니다.

단군기원檀君紀元, 즉 단기는, 단군이 즉위한 해를 알려진 원년으로 연수를 누적 합산하는 기년紀年 방식이다. '단군개국' 혹은 '단군기원'과 같은 연호의 사용은 1905년 무렵 시작되었다고 알려졌다.《황성신문》은 1905년 4월 1일자부터 '단군개국' 연호를 기자 원년, 광무, 서기, 음력, 일본의 메이지明治, 중국의 광서 등과 함께 병기하고 있다. 신문은 1905년을 '단군개국 4238년'이라고 했다. 즉 기원전 2333년이 단군의 건국 연대라는 말이다. 이런 연호 표기 방식을《대한매일신보》등 국내외 신문들이 일제히 따라 하게 되었고, 1919년 3·1운동 무렵에는 일반화되었다. 16종의 독립선언서 중 7종이 단기 연호를 사용했고 4종은 상해임시정부의 '대한민국 기원'을 썼다. 나머지 중 2종은 서기를 사용했으며, 3종은 불명이다.[105]

단기 연호는 일본 제국주의의 통치력이 미치는 지역 내에서는 당국의 금지 조치로 제약을 받았지만, 국외에서는 독립운동가와 독립운동 단체를 중심으로 두루 사용되었다. 특히 대한민국 임시정부는 '대한민국' 연호와 함께 단기 연호를 사용했다. 상해임시정부의 기관지 역할을 했던《독립신문》은 명목상 대한민국 연호를 사용했지만 단기와 서기를 병기했다. 해방 후에는 제헌 국회가 개원 때부터 단기 연호를 사용했다. 이어 제헌 국회가 제정한 헌법 전문에 그 공표 날짜를 '단기 4281년 7월 20일'이라고 명기하고 있다. 단기는 정부 출범과 함께 국회의 의결을 거쳐 〈연호에 관한 법률〉(법률 제4호, 1948. 9. 25)이 공표됨에 따라 정부의 공용 연호가 되었다.[106]

개천절 역시 대한민국 정부 출범 직후 국경일로 지정되었는데, 물론 그 이전부터 개천절 행사는 거행되었다. 일제 강점기 망명 동포가 거주하던 해외 각지에서 음력 10월 3일마다 개국절, 기원절紀元節, 개천절이라는 이름으로 축하 행사가 열렸다. 특히, 상해임시정부는 1919년부터 국무원 주최로 해마다 10월 3일에 '건국 기원절 축하식'

고대, 한반도로 온 사람들

이라는 이름으로 개천절 행사를 개최했다. 개천절이라는 명칭은 대종교가 처음 사용한 듯하다. 1909년 대종교는 개천절을 교단의 가장 중요한 행사로 지정했다. 해방 이후에도 임시정부의 이런 정신을 계승해 개천절을 국경일로 공식 지정하여 기념했다. 다만, 정부는 음력 10월 3일을 양력으로 환산하기 번거롭다는 지적에 따라 1949년부터 편의상 양력 10월 3일로 바꾸어 개천절 행사를 개최하고 있다.[107]

해방 이후 법제화된 단기의 산정 방식은 《동국통감》의 기록을 따르고 있다. 《동국통감》은 단군의 즉위 연도가 "요 임금 25년인 무진년"이라고 기록하면서, "요의 즉위년이 갑진년"이라고 기술했다.* 1948년 정부가 단기를 공식 연호로 채택할 때 이런 정보를 근거 삼았다.[108] 그런데 편협한 민족주의, 즉 중화주의에 빠져 있다고 한국 학계가 비판하는 중국 역사학계는 정작 요 임금의 실재를 인정하지 않는다. 다만 중국 학계는 요 임금을 그저 중국 전설상 시조 중 하나로 간주하고 있을 따름이다(○○쪽 참조).

1961년 군사 정권은 국제연합을 비롯한 국제기구와 선진 제국諸國이 모두 서기 연호를 사용하며, 대내 문서는 단기를 쓰고 대외 문서는 서기를 사용하는 예가 불편하고 혼선을 야기하는 등 문제점이 있다며 단기를 폐지했다.[109] 비록 군사 정권이 충분한 여론 수렴 없

---

* 《동국통감》이 요 임금의 즉위년을 갑진년으로 본 것은 주자를 위시한 중국 송대宋代 성리학자들의 주장을 받아들였기 때문인 듯하다. 주자는 그의 저서 《통감강목通鑑綱目》에서 요 임금의 원년이 기원전 2357년에 해당하는 갑진년이라고 했다.

이 밀어붙여 결정한 일이지만, 결과적으로 정부의 공용 연호를 서기로 대체한 조치는 다행이라 하겠다. 신화에 불과한 고조선 건국 연대를 정부가 나서서 역사적 사실로 강요하는 짓이 될 수 있기 때문이다. 민족 정체성 정립, 남북 동질성 회복, 나아가 남북 통일 등에 기여할 수 있다면서, 단기를 정부의 공용 연호로 채택해야 한다는 국수주의 연구자들의 주장은 그저 안타까울 따름이다.

출처

1) 이희근, 《우리 안의 그들 역사의 이방인들》, 너머북스, 2008.

2) 윤용구, 〈낙랑군 초기의 군현 지배와 호구 파악〉, 《낙랑군 호구부 연구》, 동북아역사재단, 2010, 153쪽.

3) 손영종, 〈락랑군 남부 지역(후의 대방군 지역)의 위치 — 락랑군 초원 4년 현별 호구 다소○○ 통계자료를 중심으로〉, 《력사과학》 198, 2006; 〈료동 지방 전한 군현들의 위치와 그 후의 변천(1), 《력사과학》 199, 2006.

4) 윤용구, 〈새로 발견된 낙랑목간 — 낙랑군 초원 4년 현별 戶口簿〉, 《한국고대사연구》 46, 2007.

5) 김기흥, 〈고구려의 성장과 대외관계〉, 《한국사론》 16, 1987, 19~20쪽.

6) 권오영, 〈한대 변군遷郡의 부도위〉, 《동양사학연구》, 2004, 13~14쪽.

7) 김병준, 〈중국 고대 간독 자료를 통해 본 낙랑군의 군현 지배〉, 《역사학보》 189, 2006, 174쪽. 이하 한족의 구성원에 관해서는 같은 논문, 174~182쪽 참조.

8) 권오중, 〈낙랑 왕조 정권 성립의 국제적 환경〉, 《역사학보》 196, 2007, 78~81쪽.

9) 권오중, 앞의 책, 88~89쪽; 94~95쪽.

10) 위의 책, 62~63쪽.

11) 김병준, 앞의 책, 152~153쪽.

12) 권오영, 앞의 책, 41~42쪽.

13) 오영찬, 《낙랑군 연구》, 사계절, 2006, 179~182쪽.

14) 권오중, 앞의 책, 44~45쪽.

15) 임기환, 〈3세기~4세기 초 위·진의 동방정책〉, 《역사와 현실》 36, 2000, 7~11쪽.

16) 오영찬, 앞의 책, 186쪽.

17) 오영찬, 앞의 책, 206~209쪽.

18) 정인성, 〈고고학에서의 낙랑군 연구〉, 《낙랑고고학개론》, 진인진, 2014, 12~13쪽.

19) 오영찬, 앞의 책, 215~225쪽.

20) 이영훈·오영찬, 〈낙랑문화 연구의 현황과 과제〉, 《낙랑》, 솔출판사, 2001, 233~234쪽 참조.

21) 위의 책, 227~230쪽.

22) 윤용구, 〈낙랑 전기 군현 지배세력의 종족 계통과 성격 — 토광 목곽
   묘를 중심으로〉, 《역사학보》 126, 1990, 6~9쪽.

23) 오영찬, 앞의 책, 135~139쪽.

24) 국립중앙박물관, 《낙랑》, 솔출판사, 2001, 38쪽.

25) 국립중앙박물관, 앞의 책, 167쪽; 184쪽.

26) 오영찬, 〈낙랑칠기〉, 중앙문화재연구원 엮음, 《낙랑고고학개론》, 진
   인진, 191쪽.

27) 위의 책, 197 쪽 참조.

28) 위의 책, 202~204쪽.

29) 김한규, 〈위만조선 관계 중국 측 사료에 대한 재검토〉, 《부산여대논
   문집》 8, 1980 참조.

30) 이병도, 〈위씨조선 흥망고〉, 《서울대학교논문집 — 인문사회과학편》
   4, 1954(《한국고대사연구》, 박영사, 1979, 76~80쪽).

31) 박시형, 〈만조선 왕조에 대하여〉, 《력사과학》 1963년 3기, 1963.

32) 심재훈, 《고대 중국에 빠져 한국사를 바라보다》, 푸른역사, 2016, 233
   ~234쪽.

33) 심재훈, 〈하상주단대공정과 신고信古 경향 고대사 서술〉, 《한국사학
   사학보》 16, 2007, 112~114쪽

34) 서영대, 〈단군 신화의 의미와 기능〉, 노태돈 엮음, 《단군과 고조선
   사》, 사계절, 2000, 118~119쪽.

35) 리순진·김재용, 《락랑구역 일대의 고분발굴보고》, 백산자료원, 2003,

6~9쪽 참조.

36) 윤용구, 〈낙랑 전기 군현 지배세력의 종족 계통과 성격 ― 토광 목곽묘를 중심으로〉, 《역사학보》 126, 1990, 12쪽 참조.

37) 이병도, 〈삼한 문제의 신고찰⑵〉, 《진단학보》 3, 1935; 이병도, 〈한 명칭의 기원과 진한의 성격〉, 《한국고대사연구》, 박영사, 1976; 이현혜, 〈진·변한 지역 제소국의 형성〉, 《삼한사회 형성과정 연구》, 일조각, 1984.

38) 신채호, 〈전후삼한고〉, 《조선사연구초》, 1929; 천관우, 〈삼한의 성립〉, 《사학연구》 26, 1976.

39) 신현웅, 〈삼한의 기원과 유속의 문제〉, 《사학연구》 73, 2004.

40) 신현웅, 〈삼한의 기원과 '삼한'의 성립〉, 《한국사연구》 122, 2003, 22~24쪽.

41) 신현웅, 〈삼한의 기원과 유속의 문제〉, 5~8쪽.

42) 박찬수, 〈삼국지 〈동이전〉에 나타난 韓倭의 친연성〉, 《민족문화》 22,, 민족문화추진회, 1999, 64쪽.

43) 강종훈, 《《삼국사기》 초기기록에 보이는 '낙랑'의 실체: 진한연맹체의 공간적 범위와 관련하여〉, 《삼한의 사회와 문화》, 신서원, 1995, 147~149쪽.

44) 박선미, 〈고고학 자료로 본 위만조선의 문화 성격 ― 평양 일대의 고분을 중심으로〉, 《동양학》 53, 2013, 255~258쪽.

45) 국립공주박물관, 《천안화성리백제묘》, 1991, 53~63쪽.

46) 한강문화재연구원,《김포 운양동 유적 I》, 2012, 329~330쪽.

47) 최수형,〈경주 지역 목곽묘의 변천 과정과 성격 검토〉,《야외고고학》
21, 2014, 34~35쪽; 40쪽.

48) 김다빈,〈금관가야 목곽묘 사회의 계층과 특징〉,《한국상고사학보》
93, 2016, 78~80쪽.

49) 박광춘,〈낙동강 유역의 초기 국가 성립〉,《한국상고사학보》 39,
2003, 34쪽.

50) 신현웅,〈삼한 기원과 삼한의 성립〉, 22~26쪽 참조.

51) 노중국,〈마한의 성립과 변천〉,《마한·백제문화》 10, 원광대 마한·
백제문화연구소, 1987, 33쪽.

52) 천관우,〈한국사에서 본 기마민족설〉,《독서생활》 1976년 11-12월호.

53) 최규성,〈북방민족과의 관계〉,《한국사》 15, 국사편찬위원회, 301~
303쪽. 2003.

54) 김유나,〈고려 전기 북계민北界民의 형성과 그 집단의식〉,《역사와 현
실》, 2015, 190~194쪽.

55) 강종훈,〈《삼국사기》 초기 기록에 보이는 '낙랑'의 실체 — 진한연
맹체의 공간적 범위와 관련하여〉,《삼한의 사회와 문화》, 신서원,
1995, 126~127쪽.

56) 강종훈,〈《삼국사기》 초기 기록에 보이는 '낙랑'의 실체 — 진한연맹
체의 공간적 범위와 관련하여〉, 129~130쪽.

57) 강종훈, 위의 책, 131~132쪽.

58) 이하는 윤용구, 〈평양 출토 낙랑군 초원 4년 현별 호구부 연구〉, 《목
　 간과 문자》 3, 2009; 윤선태, 〈한사군의 역사지리적 변천과 '낙랑
　 군 초원 4년 현별 호구부'〉, 《낙랑군 호구부 연구》, 동북아역사재산,
　 2010 참조.

59) 이강래, 〈《삼국사기》에 보이는 말갈의 군사활동〉, 《영토문제연구》 2,
　 1985, 44쪽.

60) 이강래, 위의 논문, 52~53쪽.

61) 이인철, 〈지방·군사제도의 재편성〉, 《한국사》 9, 국사편찬위원회,
　 1998, 136~137쪽.

62) 이희근, 《산척, 조선의 사냥꾼》, 따비, 2016, 43~49쪽.

63) 이희근, 위의 책.

64) 이주헌, 〈가야 지역 왜계 고분의 피장자와 임나일본부〉, 《지역과 역
　 사》 35, 2014, 189~191쪽.

65) 홍보식, 〈한반도 남부지역의 왜계 요소〉, 《한국고대사연구》 44,
　 2006, 44쪽; 김낙중, 〈5~6세기 남해안 지역 왜계 고분의 특성과 의
　 미〉, 《호남고고학보》 45, 2013, 160~177쪽.

66) 임영진, 〈영산강 유역 외계 고분의 피장자와 임나일본부〉, 《지역과
　 역사》 35, 2014, 227~229쪽.

67) 김규운·김준식, 〈한반도 전방후원분과 왜계 석실의 분포 유형 검
　 토〉, 《한국상고사학보》 70, 2010, 73~81쪽.

68) 박천수, 〈영산강 유역 전방후원분을 통해 본 5~6세기 한반도와 일

본열도〉,《백제연구》43, 2006, 26～28쪽.

69) 김규운·김준식, 〈한반도 전방후원분과 왜계 석실의 분포 유형 검토〉,
   《한국상고사학보》70, 2010, 75～77쪽.

70) 임영진, 앞의 논문, 238쪽.

71) 김규운·김준식, 〈한반도 전방후원분과 왜계 석실의 분포 유형 검토〉,
   《한국상고사학보》70, 2010, 80～82쪽.

72) 이영식, 〈5세기 왜국왕倭國王의 작호爵號에 보이는 한 남부 제국명韓南部
   諸國名의 의미〉,《사총》34, 1988, 4～6쪽.

73) 스즈키 히데오鈴木英夫, 〈왜倭의 오왕五王과 고구려高句麗 — 한반도와 관
   계된 왜왕의 칭호와 대고구려 전쟁 계획〉,《고구려연구》14, 2002,
   184～186쪽.

74) 이영식, 〈5세기 왜국왕倭國王의 작호爵號에 보이는 한 남부 제국명韓南部
   諸國名의 의미〉,《사총》34, 1988, 10～13쪽.

75) 야마오 유키히사山尾幸久, 〈일본 고대왕권의 형성과 조선〉,《고대 한일
   관계사의 이해 — 倭》, 이론과실천, 1994, 206～210쪽.

76) 김석형, 〈삼한 삼국의 일본열도 내 분국에 대하여〉,《력사과학》7,
   1963.

77) 천관우, 〈복원 가야사〉상·중·하,《문학과 지성》28·29·31, 문학과
   지성사, 1977 · 1978.

78) 김태식, 〈고대 한일관계 연구사 — 임나 문제를 중심으로〉,《한국고
   대사연구》27, 2002.

79) 김은숙, 〈《일본서기》 '임나' 기사의 기초적 검토〉, 《한국사 시민강좌》 11, 1992; 우케다 미사유키請田正幸, 〈6세기 전기의 조일관계 ― 임나 일본부를 중심으로〉, 《고대 한일관계사의 이해 ― 倭》, 이론과실천, 1994, 289~291쪽.

80) 김태식, 〈가야연맹의 약화〉, 《한국사》 7, 국사편찬위원회, 1997, 347~356쪽.

81) 이연심, 〈임나일본부의 성격 재론〉, 《지역과 역사》 14, 2004, 132~134쪽.

82) 백승충, 〈임나일본부와 '왜계 백제관료'〉, 《강좌 한국고대사》 4, (재)가락국사적개발연구원, 2003, 122~123쪽.

83) 이연심, 〈'왜계 가야관료'를 매개로 한 안라국과 왜〉, 《한일관계사연구》 31, 2008, 26~31쪽.

84) 윤내현, 〈기자신고箕子新考〉, 《한국사연구》 41, 1983, 38~39쪽.

85) 윤무병, 〈요녕 지방의 청동기문화〉, 《한국청동기문화연구》, 예경산업사, 1992, 476~478쪽.

86) 윤내현, 〈기자신고〉, 34~35쪽.

87) 임기환 역주, 〈낙랑〉, 《譯註 한국고대금석문》 1, 가락국사적개발연구원, 1992, 586쪽.

88) 위의 책, 584쪽.

89) 권오중, 〈낙랑군 역사의 전개〉, 《인문연구》 55, 2008, 467~469쪽.

90) 이성규, 〈4세기 이후의 낙랑교군과 낙랑유민〉, 《동아시아 역사 속의

출처

중국과 한국》, 서해문집, 2005, 205~206쪽.

91) 정운룡, 〈낙랑 관련 묘지명에 보이는 기자 계승 의식〉, 《한국사학보》 65, 2016, 139~143쪽.

92) 김한규, 〈기자와 한국〉, 《진단학보》 92, 2001, 136쪽.

93) 한영우, 〈고려~조선 전기의 기자 인식〉, 《한국문화》 3, 1982, 21~22쪽.

94) 강만길, 〈이조시대의 단군숭배〉, 《이홍직박사회갑기념 한국사학논총》, 1969, 250~251쪽; 김성환, 〈고려시대 평양의 단군전승〉, 《문화사학》 10, 1998, 133~134쪽.

95) 박광용, 〈단군 인식의 변천〉, 《한국사학사연구》, 나남출판, 1997, 81~83쪽.

96) 한영우, 〈고려~조선 전기의 기자 인식〉, 《한국문화》 3, 1982, 44~45쪽.

97) 한영우, 위의 책, 49~53쪽.

98) 이만열, 〈17·18세기의 사서와 고대사인식〉, 《한국사연구》 10, 1974, 114~115쪽.

99) 이우성, 〈조선 후기 근기학파近畿學派에 있어서의 정통론의 전개〉, 《역사학보》 31, 1966, 175~176쪽.

100) 서영대, 〈전통시대의 단군 인식〉, 71~72쪽.

101) 박광용, 〈단군 인식의 변천〉, 93쪽.

102) 정창렬, 〈한말의 역사인식〉, 한국사학연구회 엮음, 《한국사학사의

연구》, 을유문화사, 1985.

103) 서영대, 〈한말의 단군운동과 대종교〉, 《한국사연구》 114, 2001, 219 ~228쪽.

104) 정영훈, 〈근대 한국민족교육에서의 단군〉, 《정신문화연구》 1986 봄 호, 74~75쪽.

105) 정영훈, 〈근대 한국에서의 단군민족주의〉, 《한국민족운동사연구》 29, 2001, 140~141쪽.

106) 김병기, 〈단기연호와 대한민국 임시정부〉, 《선도문화》 12, 2012, 86 ~88쪽; 정영훈, 〈단기 연호의 배경과 법제화, 그리고 폐기〉, 《민족 문화논총》 56, 2014, 405~408쪽.

107) 정영훈, 〈근대 한국에서의 단군민족주의〉, 《한국민족운동사연구》 29, 2001, 141쪽; 김병기, 위의 글, 80~84쪽.

108) 정영훈, 〈단기 연호의 배경과 법제화, 그리고 폐기〉, 《민족문화논 총》 56, 2014, 395~397쪽.

109) 정영훈, 위의 책, 411~412쪽.

참고문헌

고조선의 주민 구성

국립중앙박물관,《낙랑》, 솔출판사, 2001.

권오영, 〈한대 변군邊郡의 부도위〉,《동양사학연구》, 2004.

권오중 외,《낙랑군 호구부 연구》, 동북아역사재단, 2010.

권오중, 〈낙랑 왕조정권 성립의 국제적 환경〉,《역사학보》196, 역사학회, 2007.

권오중,《낙랑군연구》, 일조각, 1992.

김기흥, 〈고구려의 성장과 대외관계〉,《한국사론》16, 1987.

김병준, 〈낙랑군 초기의 편호 과정과 '호한초별'〉,《목간과 문자》창간호, 2008

고대, 한반도로 온 사람들

김병준, 〈중국 고대 간독 자료를 통해 본 낙랑군의 군현 지배〉, 《역사학보》 189, 역사학회, 2006.

박경철, 〈고조선·부여의 주민 구성과 종족〉, 《동북아역사논총》 6, 동북아역사재단, 2005.

박시형, 〈만조선 왕조에 대하여〉, 《력사과학》 1963년 3기, 1963.

손영문, 〈사진: 락랑유적에서 나온 목간〉, 《조선고고연구》 2008-4, 2008.

손영종, 〈락랑군 남부 지역(후의 대방군 지역)의 위치 ― 낙랑군 초원 4년 현별 호구 다소○○ 통계자료를 중심으로〉, 《력사과학》 198, 2006.

손영종, 〈료동 지방 전한 군현들의 위치와 그 후의 변천(1), 《력사과학》 199, 2006.

심재훈, 《고대 중국에 빠져 한국사를 바라보다》, 푸른역사, 2016.

심재훈, 〈하상주단대공정과 신고信古 경향 고대사 서술〉, 《한국사학사학보》 16, 2007.

오영찬, 〈낙랑칠기〉, 중앙문화재연구원 엮음, 《낙랑고고학개론》, 진인진, 2014.

오영찬, 《낙랑군 연구 ― 고조선계와 한漢계의 종족 융합을 통한 낙랑인의 형성》, 사계절, 2006.

오영찬, 〈낙랑칠기 연구와 식민지주의〉, 《백제문화》 49, 2013.

윤선태, 〈한사군의 역사지리적 변천과 '낙랑군 초원 4년 현별 호구부'〉, 《낙랑군 호구부 연구》, 동북아역사재단, 2010

윤용구, 〈낙랑 전기 군현 지배 세력의 종족계통과 성격―토광 목곽묘를 중심으로〉,《역사학보》126, 역사학회, 1990.

윤용구, 〈낙랑군 초기의 군현 지배와 호구 파악〉,《낙랑군 호구부 연구》,
　　동북아역사재단, 2010.

윤용구, 〈새로 발견된 낙랑목간〉,《한국고대사연구》46, 2007.

윤용구, 〈평양 출토 '낙랑군 초원 사년 현별 호구부' 연구〉,《목간과 문자》
　　3, 2009.

이병도, 〈위씨조선 흥망고〉,《서울대학교 논문집 ― 인문사회과학편》4,
　　1956.

이병도, 〈위씨조선 흥망고〉,《서울대학교 논문집 ― 인문사회과학》4,
　　1956(확인!)(《한국고대사연구》, 박영사, 1976(확인!)).

이성규, 〈중국 군현으로서의 낙랑〉,《낙랑문화연구》, 동북아역사재단,
　　2006.

이영훈·오영찬, 〈낙랑문화 연구의 현황과 과제〉,《낙랑》, 솔출판사, 2001.

이희근,《우리 안의 그들 역사의 이방인들》, 너머북스, 2008.

임기환, 〈3세기~4세기 초 위·진의 동방정책〉,《역사와 현실》36, 2000.

정인성, 〈고고학에서의 낙랑군 연구〉,《낙랑고고학개론》, 진인진, 2014,
　　12~13쪽.

조법종, 〈낙랑군의 성격 문제 ― 낙랑군의 낙랑국 계승 문제를 중심으
　　로〉,《한국고대사연구》32, 한국고대사학회, 2003.

삼한의 주민 구성

강종훈, 〈《삼국사기》 초기 기록에 보이는 '낙랑'의 실체 ─ 진한연맹체의
　　공간적 범위와 관련하여〉, 《삼한의 사회와 문화》, 신서원, 1995.

국립공주박물관, 《천안화성리백제묘》, 영창서림, 1991.

권오영, 〈마한의 종족성과 공간적 분포에 대한 검토〉, 《한국고대사연구》
　　60, 한국고대사학회, 2010.

김기웅, 〈고고학상으로 본 기마민족 동래설과 가야 문제〉, 《가야문화》
　　11, 1988.

김다빈, 〈금관가야 목곽묘 사회의 계층과 특징〉, 《한국상고사학보》 93,
　　2016.

김두진, 〈마한사회의 구조와 성격〉, 《마한·백제문화》 제12집, 원광대 마
　　한·백제문화연구소, 1990.

김유나, 〈고려 전기 북계민北界民의 형성과 그 집단의식〉, 《역사와 현실》,
　　2015.

김정배, 〈한국에 있어서의 기마민족 문제〉, 《역사학보》 75·76, 역사학회,
　　1977.

김정학, 〈위지 한전 편두기사고 ─ 김해 예안리 고분 출토 편두골과 관련
　　하여〉, 《한국상고사연구》, 범우사, 1990.

김한규, 〈위만조선 관계 중국 측 사료에 대한 재검토〉, 《부산여대논문집》
　　8, 1980.

노중국, 〈마한의 성립과 변천〉, 《마한·백제문화》 10, 원광대 마한·백제문화연구소, 1987.

노태돈, 〈기마민족 일본열도 정복설에 대하여〉, 《한국학보》 5, 일지사, 1976.

박광춘, 〈낙동강 유역의 초기 국가 성립〉, 《한국상고사학보》 39, 2003.

박대재, 〈삼한의 기원에 대한 사료적 검토〉, 《한국학보》 119, 일지사, 2005.

박선미, 〈고고학 자료로 본 위만조선의 문화 성격 — 평양 일대의 고분을 중심으로〉, 《동양학》 53, 2013.

신경철, 〈낙동강 하류에 꽃핀 가야문화 — 김해 대성동 고분군에 보이는 북방문화 요소〉, 《역사산책》 1991년 7월호.

신채호, 〈전후삼한고〉, 《조선사연구초》, 1929.

신현웅. 〈《삼국지》 한전 기사의 판독〉, 《이화사학연구》 第31號, 이화사학연구소, 2004.

신현웅, 〈삼한 기원과 '삼한'의 성립〉, 《한국사연구》 122, 한국사연구회, 2003.

신현웅, 〈삼한 기원과 유속의 문제〉, 《사학연구》 73, 한국사학회, 2004.

신현웅, 〈'삼한' 성립과 〈한전〉의 체계〉, 《이화사학연구》 30, 이화사학연구회, 2003.

이강래, 〈《삼국사기》의 마한 인식〉, 《전남사학》 19, 전남사학회, 2002.

이병도, 〈삼한 문제의 신고찰(2)〉, 《진단학보》 3, 1935

이병도, 〈한 명칭의 기원과 진한의 성격〉, 《한국고대사연구》, 박영사, 1976

이재현 〈변·진한 사회의 발전과정: 목곽묘의 출현배경과 관련하여〉, 《영남고고학》 17, 영남고고학회, 1995.

이현혜, 〈마한 소국의 형성에 대하여〉 《역사학보》 92, 역사학회, 1981.

이현혜, 《삼한사회형성과정연구》, 일조각, 1984.

이현혜, 〈변·진한 지역 제소국의 형성〉, 《삼한사회 형성과정 연구》, 일조각, 1984.

조영훈, 〈삼한 사회의 발전 과정 고찰〉, 《이화사학연구》30, 2003.

천관우, 《고조선사·삼한사연구》, 일조각, 1989.

천관우, 〈삼한의 성립〉, 《사학연구》 26, 1976.

천관우, 〈한국사에서 본 기마민족설〉, 《독서생활》 1976년 11-12월호.

최규성, 〈북방민족과의 관계〉, 《한국사》 15, 국사편찬위원회, 2003.

최수형, 〈경주 지역 목곽묘의 변천 과정과 성격 검토〉, 《야외고고학》 21, 2014.

한강문화재연구원, 《김포 운양동 유적 I》, 2012.

한반도 예맥(말갈) 관련

권오중, 〈말갈의 종족계통에 관한 시론〉, 《진단학보》 49, 진단학회, 1980.

김기섭, 〈《삼국사기》〈백제본기〉에 보이는 말갈과 낙랑의 위치에 대한 재검토〉,《청계사학》8, 한국정신문화연구원 청계사학회, 1991.

김병남. 〈삼국사기 초기 기록의 말갈에 대한 재검토〉,《전북사학》第23輯, 전북사학회, 2000.

김진광, 〈삼국사기 본기에 나타난 말갈의 성격〉,《고구려발해연구》제35집, 고구려발해학회, 2009.

김창석, 〈고대 영서지역의 종족과 문화변천〉,《한국고대사연구》51, 한국고대사학회, 2008.

김택균, 〈《삼국사기》에 보이는 말갈의 실체〉,《고구려연구》第3輯, 고구려연구회, 1997.

김현숙, 〈고구려의 말갈지배에 관한 시론적 고찰〉,《한국고대사연구》6, 한국고대사학회, 1993.

문안식, 〈《삼국사기》나·제본기의 말갈 사료에 대하여 ─ 말갈 세력의 지역적 분포 및 종족 구성상의 차이와 변화를 중심으로〉,《한국고대사연구》13, 한국고대사학회, 1998.

문안식, 〈삼국시대 영서지역 토착세력의 추이 ─ 삼국사기 백제본기에 보이는 말갈 세력을 중심으로〉,《충북학》제2집, 충북개발연구원 충북학연구소, 2000.

선석열, 〈중국정사의 말갈7부와 삼국사기의 말갈〉,《고구려발해연구》37, 2010.

송호정 〈고구려의 족원과 예맥〉《고구려연구》第27輯, 고구려연구회, 2007.

고대, 한반도로 온 사람들

유원재, 〈삼국사기 위말갈고〉, 《사학연구》 29, 한국사학회, 1979.

이강래, 〈《삼국사기》에 보이는 말갈의 군사활동〉, 《영토문제연구》 2, 1985.

이동휘, 〈《삼국사기》 말갈의 활동범위와 성격〉, 《부대사학》 27, 부산대 사학회, 2003

조이옥. 〈통일신라시대의 말갈연구 ― 북방경영과 관련하여〉, 《이대사 원》 26집, 이대사학회, 1992.

한규철, 〈삼국사기의 말갈문제〉, 《인문학논총》 31, 경성대학교 인문과학 연구소, 2013.

한반도 남부 왜 관련

김규운 · 김준식, 〈한반도 전방후원분과 왜계 석실의 분포 유형 검토〉, 《한국상고사학보》 70, 한국상고사학회, 2010.

김낙중, 〈5~6세기 남해안 지역 왜계 고분의 특성과 의미〉, 《호남고고학 보》 45, 호남고고학회, 2013.

김낙중, 〈5~6세기 영산강 유역 정치체의 성격 ― 나주 복암리 3호분 출 토 위세품 분석〉, 《백제연구》 32, 2000.

김석형, 〈삼한 삼국의 일본열도 내 분국에 대하여〉, 《력사과학》 7, 1963.

김석형, 《초기 조일관계사》, 사회과학출판사, 1965.

김은숙, 〈《일본서기》 '임나' 기사의 기초적 검토〉, 《한국사 시민강좌》 11,

1992.

김태식, 〈가야연맹의 약화〉,《한국사》7, 국사편찬위원회, 1997.

김태식, 〈고대한일관계사연구 — 임나문제를 중심으로〉,《한국고대사연구》27, 한국고대사학회, 2002.

남재우,〈〈광개토왕비문〉과《송서》로 본 왜의 가야 인식과 '임나일본부'〉,《지역과 역사》35, 부경역사연구소, 2014.

박찬(천?)수, 〈삼국지〈동이전〉에 나타난 韓倭의 친연성〉,《민족문화》22, 민족문화추진회, 1999.

박천수, 〈영산강 유역 전방후원분을 통해 본 5~6세기 한반도와 일본열도〉,《백제연구》43, 2006, 26~28쪽.

백승충,〈안라국과 '임나일본부', 그리고 백제〉,《지역과 역사》35, 부경역사연구소, 2014.

백승충, 〈임나일본부와 '왜계 백제관료'〉,《강좌 한국고대사》4, (재)가락국사적개발연구원, 2003, 122~123쪽.

백승충, 〈임나일본부의 용례와 범주〉,《지역과 역사》24, 2009.

백승충, 〈'임나일본부'의 파견 주체 재론 — 백제 및 제왜 파견설에 대한 비판적 검토를 중심으로〉,《한국민족문화》37, 2010.

사카이 청치酒井淸治, 〈5·6세기의 토기에서 본 나주세력〉,《백제연구》39, 충남대학교 백제연구소, 2004.

스메마스 야스카즈末松保和,《任那興亡史》, 大八洲事書, 1949.

스즈키 히데오鈴木英夫, 〈왜倭의 오왕五王과 고구려高句麗 — 한반도와 관계

된 왜왕의 칭호와 대고구려 전쟁 계획〉,《고구려연구》14, 고구려연
구회, 2002.

야마오 유키히사山尾幸久, 〈일본 고대왕권의 형성과 조선〉,《고대 한일관계
사의 이해 ─ 倭》, 이론과실천, 1994, 206~210쪽.

王健群,《好太王陵碑硏究》, 길림인민출판사, 1984.

우재병, 〈5~6세기 백제와 왜의 정치적 연대와 각국 묘제의 수용 양상〉,
《선사와 고대》37, 한국고대학회, 2012.

우케다 미사유키請田正幸, 〈6세기 전기의 조일관계 ─ 임나일본부를 중심
으로〉,《고대 한일관계사의 이해 ─ 倭》, 이론과실천, 1994, 289~
291쪽.

이노우에 치카라井上主税, 〈왜계유물을 통해 본 금관가야 세력의 동향〉,
《한국고고학보》57, 한국고고학회, 2005.

이도학, 〈광개토대왕의 남방 정책과 한반도 제국 및 왜의 동향〉,《한국고
대사연구》67, 한국고대사학회, 2012.

이연심, 〈6세기 전반 가야·백제에서 활동한 '왜계관료'의 성격〉,《한국
고대사연구》58, 한국고대사학회, 2010.

이연심, 〈'왜계 가야관료'를 매개로 한 안라국과 왜〉,《한일관계사연구》
31, 2008.

이연심, 〈임나일본부의 성격 재론〉,《지역과 역사》14, 2004.

이연심, 〈임나일본부의 성격 재론〉,《한일관계사연구》31, 2008.

이영식, 〈5세기 왜국왕의 작호에 보이는 한남부 제국명의 의미〉,《사총》

34, 고려대학교 사학회, 1988.

이영식, 〈백제의 가야진출과정〉, 《한국고대사논총》 7, 1995.

이인철, 〈지방·군사제도의 재편성〉, 《한국사》 9, 국사편찬위원회, 1998.

이재석, 〈백제의 가야 진출과 왜국〉, 《지역과 역사》 29, 2011.

이진희 저, 이기동 역, 《광개토왕릉비의 탐구》, 일조각, 1982.

이주헌, 〈가야 지역 왜계 고분의 피장자와 임나일본부〉, 《지역과 역사》 35, 2014.

이희근, 《산척, 조선의 사냥꾼》, 따비, 2016, 43~49쪽.

임영진, 〈영산강 유역 외계 고분의 피장자와 임나일본부〉, 《지역과 역사》 35, 2014.

정효운, 〈고구려·왜의 전쟁과 외교〉, 《고구려연구》 24, 학연문화사, 2006.

천관우, 《가야사연구》, 일조각, 1991.

천관우, 〈복원 가야사〉 상·중·하, 《문학과 지성》 28·29·31, 문학과지성사, 1977·1978.

최재석, 〈삼국사기 초기 기록에 나타난 왜에 대하여 — 倭의 근거지를 중심으로〉, 《한국학연구》 12, 고려대학교 한국학연구소, 2000.

최재석, 〈중국사서에 나타난 5세기 '왜5왕' 기사에 대하여〉, 《아세아연구》 42/2, 고려대 아세아문제연구소, 1999.

타나카 토시아키田中俊明, 〈왜의 오왕과 조선〉, 《기전고고》 3, 경기문화재단 기전문화재연구원, 2004.

홍보식, 〈한반도 남부 지역의 왜계 요소 — 기원후 3~6세기대를 중심으로〉, 《한국고대사연구》 44, 한국고대사학회, 2006.

단군 관련

강만길, 〈이조시대의 단군 숭배〉, 《이홍직박사회갑기념 한국사학논총》, 1969.

권성아, 〈한국 교육사 속에서의 단군민족주의〉, 《고조선단군학》 28, 고조선단군학회, 2013.

권오중, 〈낙랑군 역사의 전개〉, 《인문연구》 55, 2008.

김남중, 〈기자전승의 형성과 단군 신화에의 편입 과정〉, 《한국사학보》 65, 고려사학회, 2016.

김병기, 〈단기연호와 대한민국 임시정부〉, 《선도문화》 12, 2012

김성환, 〈고려시대 평양의 단군전승〉, 《문화사학》 10, 한국문화사학회, 1998.

김성환, 〈고려시대의 단군전승과 고조선 인식〉, 《단군학연구》 8, 단군학회, 2003.

김성환, 〈고려후기의 단군인식〉, 《단군학연구》 4, 단군학회, 2001.

김성환, 〈단군 인식의 확장과 단군자손의식〉, 《민족문화론총》 61, 영남대학교 민족문화연구소, 2015.

김성환, 〈일제강점기 단군릉 수축운동의 전개〉, 《대동문화연구》 67, 성균

관대학교 대동문화연구원, 2009.

김한규, 〈기자와 한국〉, 《진단학보》 92, 진단학회, 2001.

노태돈 편저, 《단군과 고조선사》, 사계절, 2000.

류시현, 〈한말 일제 초 단군과 고조선 인식의 체계화 — 신채호 · 최남선을 중심으로〉, 《한국사학보》 61, 고려사학회, 2015.

리순진 · 김재용, 《락랑구역 일대의 고분발굴보고》, 백산자료원, 2003.

박광용, 〈기자조선에 대한 인식의 변천 — 고려부터 한말까지의 사서를 중심으로〉, 《한국사론》 6, 서울대학교 국사학과, 1980.

박광용, 〈단군 인식의 변천〉, 《한국사학사연구》, 나남출판, 1997.

박대재, 〈기자조선과 소중화〉, 《한국사학보》 65, 고려사학회, 2016.

박대재, 〈단군기원과 《고기》〉, 《한국사학보》 61, 고려사학회, 2015.

백민정, 〈조선 지식인의 왕정론과 정치적 공공성 — 기자조선 및 중화주의 문제와 관련하여〉, 《동방학지》 164, 연세대학교 국학연구원, 2013.

서영대, 〈단군 신화의 의미와 기능〉, 노태돈 엮음, 《단군과 고조선사》, 사계절, 2000.

서영대 편, 《북한학계의 단군신화 연구》, 백산자료원, 1995.

서영대, 〈전통시대의 단군인식〉, 《단군학연구》 창간호, 단군학회, 1999.

서영대, 〈한말의 단군운동과 대종교〉, 《한국사연구》 114, 한국사연구회, 2001.

손영종, 〈단군 및 고조선 관계 비사들에 대한 리해 — 《규원사화》를 중심

고대, 한반도로 온 사람들

으로〉,《단군학연구》 8, 단군학회, 2003.

오현수, 〈기자전승의 형성과정 연구〉,《한국사학보》 65, 고려사학회,
2016.

윤내현, 〈기자신고箕子新考〉,《한국사연구》 41, 1983.

윤무병, 〈요녕 지방의 청동기문화〉,《한국청동기문화연구》, 예경산업사,
1992.

윤이흠 편,《단군 ― 그 이해와 자료》, 서울대 출판부, 1994.

이만열, 〈17 · 18세기 사서와 고대사 인식〉,《한국사연구》 10, 1974.

이병도, 〈삼한문제의 신고찰〉,《진단학보》 3, 1935.

이성규, 〈4세기 이후의 낙랑교군과 낙랑유민〉,《동아시아 역사 속의 중국
과 한국》, 서해문집, 2005.

이우성, 〈이조 후기 근기학파近畿學派에 있어서의 정통론의 전개〉,《역사학
보》 31, 1966.

이정일, 〈조선 후기 기자인식에 나타난 유교 문명과 보편성〉,《한국사학
보》 37, 고려사학회, 2009.

임기환 역주, 〈낙랑〉,《譯註 한국고대금석문》 1, 가락국사적개발연구원,
1992.

임형진, 〈한국 정치사 속에서의 단군민족주의〉,《고조선단군학》 28, 고조
선단군학회, 2013.

전형택, 〈조선후기 사서의 단군조선 서술〉,《한국학보》 제21집, 일지사,
1980.

정신문화연구원 편,《단군·단군신화·단군신앙》, 고려원, 1992.

정영훈, 〈근대 한국민족교육에서의 단군〉,《정신문화연구》통권 제28호, 한국정신문화연구원, 1986.

정영훈, 〈근대 한국에서의 '단군민족주의'〉,《한국민족운동사연구》 29, 한국민족운동사학회, 2001.

정영훈, 〈《단군교포명서》와 그 사상사적 의의 — 단군민족주의와의 관련성을 중심으로〉,《국학연구》 13, 국학연구소, 2009.

정영훈, 〈단기 연호의 배경과 법제화, 그리고 폐기〉,《민족문화논총》 56, 영남대학교 민족문화연구소, 2014.

정운룡, 〈낙랑 관련 묘지명에 보이는 기자 계승 의식〉,《한국사학보》 65, 2016.

정창렬, 〈한말의 역사인식〉, 한국사학연구회 엮음,《한국사학사의 연구》, 을유문화사, 1985.

조법종, 〈한국 고대사회의 고조선·단군 인식 연구 — 고조선·고구려 시기 단군 인식의 계승성을 중심으로〉,《선사와 고대》 23, 한국고대학회, 2005.

조원진, 〈고려시대의 기자 인식〉,《한국사학사학보》 32, 한국사학사학회, 2015.

조인성, 〈한말 단군관계사서의 재검토 — 《신단실기》·《단기고사》·《환단고기》를 중심으로〉,《국사관논총》 3, 국사편찬위원회, 1989.

천관우, 〈기자고〉,《동방학지》 15, 1974.

최남선, 〈조선사의 기자는 지나支那의 기자가 아니다〉, 《괴기怪奇》 2, 1927.

최봉준, 〈여말선초 기자 중심의 역사계승의식과 조선적 문명론〉, 《한국 사학사학보》 31, 한국사학사학회, 2015.

한영우, 〈고려 – 조선 전기의 기자 인식〉, 《한국문화》 3, 서울대학교 한국 문화연구소, 1982.

고대, 한반도로 온 사람들

다양한 종족이 세력을 겨뤄온 고대 한반도 이야기

지은이	이희근
초판 1쇄 발행	2018년 5월 7일

펴낸곳	도서출판 따비
펴낸이	박성경
편집	신수진
디자인	김종민

출판등록	2009년 5월 4일 제2010-000256호
주소	서울시 마포구 월드컵로28길 6(성산동, 3층)
전화	02-326-3897
팩스	02-337-3897
메일	tabibooks@hotmail.com
인쇄·제본	영신사

ISBN 978-89-98439-45-3 03910

값 15,000원

국립중앙도서관 출판예정도서목록(CIP)

고대, 한반도로 온 사람들
지은이: 이희근. — 서울 : 따비, 2018
    p. ;   cm

참고문헌 수록

ISBN 978-89-98439-45-3 03910 : ₩15000

한국 고대사[韓國古代史]

911.02-KDC6
951.901-DDC23   CIP2018012036